GARIBALDI

HERÓI DOS DOIS MUNDOS

Consulte nosso catálogo completo e últimos lançamentos em **www.editoracontexto.com.br**.

Maurício Oliveira

GARIBALDI
HERÓI DOS DOIS MUNDOS

GUERREIROS

editoracontexto

Copyright © 2013 do Autor

Todos os direitos desta edição reservados à
Editora Contexto (Editora Pinsky Ltda.)

Foto de capa
Retrato de Adolfo Matarelli

Montagem de capa e diagramação
Gustavo S. Vilas Boas

Preparação de textos
Lilian Aquino

Revisão
Ana Paula Luccisano

Dados Internacionais de Catalogação na Publicação (CIP)
(Câmara Brasileira do Livro, SP, Brasil)

Oliveira, Maurício
Garibaldi : herói dos dois mundos / Maurício Oliveira. –
São Paulo : Contexto, 2025.

Bibliografia.
ISBN 978-85-7244-809-3

1. Brasil – História – Guerra dos Farrapos, 1835-1845
2. Brasil – História – Século 19 3. Garibaldi, Anita, 1821-1849
4. Garibadi, Giuseppe, 1807-1882 5. Revolucionários – Brasil
6. Revolucionários – Itália I. Título.

13-07473	CDD-923.2

Índice para catálogo sistemático:
1. Revolucionários : Vida e obra 923.2

2025

EDITORA CONTEXTO
Diretor editorial: *Jaime Pinsky*

Rua Dr. José Elias, 520 – Alto da Lapa
05083-030 – São Paulo – SP
PABX: (11) 3832 5838
contato@editoracontexto.com.br
www.editoracontexto.com.br

Sumário

Apresentação...7

Introdução...9

A gênese de um revolucionário..17

A Itália desfigurada..24

Viagem iniciática a Roma...28

Ingresso na Jovem Itália...31

Fuga para o Brasil...36

Na América do Sul...45

A Revolução Farroupilha..49

Vida de corsário...53

A morte como ameaça constante..60

A conquista de Laguna..66

Uma história de amor 73

Desgaste no comando rebelde 77

O fim da República Juliana 82

De volta ao Rio Grande do Sul 86

Nasce o primogênito 92

Líder da armada uruguaia 97

Surge a Legião Italiana 101

A defesa de Montevidéu 107

Hora de voltar para casa 112

Herói dos Dois Mundos **119**

Surge a República Romana 125

Refúgio em San Marino 136

A agonia de Anita 139

O novo exílio do guerreiro 144

De volta aos campos de batalha 150

Os Mil de Garibaldi 156

Roma ou a morte 171

Os últimos anos 182

Epílogo **193**

Cronologia **199**

Bibliografia **203**

O autor **205**

APRESENTAÇÃO

Vida tempestuosa, composta pelo bem e pelo mal, como creio que seja a vida da maioria das pessoas. Tenho consciência de ter sempre procurado o melhor para mim e meus semelhantes. Se errei algumas vezes, foi involuntariamente. Em todas as ocasiões odiei a tirania e a mentira, que são as origens principais dos males e da corrupção do gênero humano.

Foi assim, definindo-se humildemente como uma pessoa comum, que Giuseppe Garibaldi (1807-1882) iniciou suas *Memórias* em 1849, obra que demoraria mais de duas décadas para concluir. Se ele próprio precisou de tanto tempo para resumir sua vida repleta de aventuras e incríveis episódios de coragem, superação e sobrevivência – tarefa para a qual contou ainda com a pena inspirada do amigo Alexandre Dumas, autor de *Os três mosqueteiros* –, o que dizer de um autor que recebe essa mesma incumbência passados tantos anos e depois de tudo o que já foi pesquisado e escrito sobre o Herói dos Dois Mundos?

Esse foi o desafio que a Editora Contexto me apresentou, com o convite para produzir um livro sobre Giuseppe Garibaldi para a sua coleção Guerreiros. Convite honroso, mas também perturbador, dada a complexidade do personagem. Lancei-me, então, à missão de, com base em leituras selecionadas, construir uma visão panorâmica de sua trajetória. Este livro representa de certa forma, o aprofundamento das pesquisas que eu havia feito sobre Garibaldi e Anita para o livro *Amores proibidos na História do Brasil*, também lançado pela Contexto.

Além desse contato anterior, eu já carregava desde a infância certa familiaridade com a figura do revolucionário italiano por ter crescido no sul de Santa Catarina e passado muitas vezes por Laguna, a cidade que sediou a República Juliana e onde ele conheceu Anita. No início de 2013, em meio à etapa final das pesquisas, senti-me ainda mais próximo de Garibaldi ao visitar a casa simples onde o casal viveu em Montevidéu. Concluída a missão, não tenho dúvidas de que se trata de uma das figuras mais fascinantes da História universal.

INTRODUÇÃO

Num quarto da sua casa na ilha de Caprera, ocupado apenas por uma cama de ferro, uma mesa de madeira que fazia as vezes de escrivaninha e alguns quadros nas paredes, Giuseppe Garibaldi enfrenta serenamente seus últimos momentos. Preso ao leito pelo reumatismo e outras doenças que lhe aumentavam o peso dos quase 75 anos, ele tem plena noção de que, desta vez, será impossível adiar o encontro com a velha senhora que tantas vezes iludiu ao longo de uma vida repleta de aventuras.

Restam-lhe poucos minutos para rememorar uma trajetória tão fantástica que muitos considerariam impossível de acomodar na biografia de um só homem. Idolatrado pelos conterrâneos por ter liderado o longo e conturbado processo de unificação da Itália, ele conquistara a admiração e a gratidão de muitos outros povos. Enfrentou a monarquia brasileira ao lado dos rebeldes da província do Rio Grande do Sul, lutou com os uruguaios contra o ditador argentino Rosas e com os franceses diante dos prussianos. Em cada um desses episódios, pôs a vida em risco inúmeras vezes.

Movido sempre pela convicção de que valia a pena morrer em defesa do maior bem que um povo pode possuir – a liberdade –, Garibaldi ganhou a alcunha de "Herói dos Dois Mundos" por ter participado de guerras e revoluções tanto na Europa quanto na América do Sul.

Algumas vezes chamado de "mercenário", já que aderia a causas não diretamente relacionadas à da própria pátria, ele jamais o fez motivado por dinheiro ou qualquer outro tipo de benefício material. Vestia-se como um legítimo personagem de literatura – camisa vermelha, poncho cinza, chapéu de aba virada. Essa espécie de "fantasia", inspirada no período que passara no Rio Grande do Sul e mantida mais tarde, no retorno à Europa, representava a manifestação constante de sua independência e ao mesmo tempo seu protesto contra uma sociedade que se preocupava excessivamente com a aparência e, com frequência, esquecia-se de valorizar a essência.

Como cabe a todo mocinho dos romances de "capa e espada", Garibaldi também viveu um grande amor com final triste. A relação com Anita, que conheceu durante a tomada de Laguna, em Santa Catarina, Sul do Brasil, foi tragicamente interrompida dez anos depois, ainda no frescor da juventude de ambos. A morte da amada provocou no guerreiro um daqueles vazios que não têm cura, com o qual ele precisou conviver pelo resto da vida.

Além da honestidade e da integridade pessoal, a maior característica de Garibaldi como líder era a capacidade de fazer seus homens darem o máximo e arriscarem suas vidas como se não carregassem um dos sentimentos mais naturais e ancestrais do ser humano – o medo de morrer. Ele obtinha esse resultado, acima de tudo, pelo exemplo que dava nos campos de batalha. Suas falas eram inflamadas e arrebatadoras. Representavam a manifestação genuína daquilo que

Giuseppe Garibaldi em 1861, aos 54 anos:
um homem marcado por lutas,
tragédias e conquistas.

Garibaldi pensava e sentia – ideias e opiniões que, quase sempre, coincidiam com o entendimento predominante entre os ouvintes.

Ao mesmo tempo símbolo de um ideal e homem de ação, Garibaldi conciliava teoria e prática – embora fosse muito mais efetivo quando se lançava à execução dos planos, independentemente de serem os seus próprios ou os traçados por outros. Suas ações combinavam com seus discursos, característica certamente rara de encontrar em um líder, mesmo entre os grandes da História. Talvez seja isso que o faça tão peculiar e idolatrado até hoje.

Ele não era estrategista a ponto de desenhar formalmente como suas tropas deveriam se formar ou se locomover, mas estabelecia mentalmente a sequência que planejava para um combate. Um dos seus trunfos era justamente a agilidade para refazer os planos em meio aos acontecimentos. Outro era o instinto, característica que o levava muitas vezes a ser comparado com um verdadeiro cientista militar, embora não tivesse conhecimentos teóricos sobre estratégias ou conhecesse a fundo a história das guerras.

Durante toda a sua trajetória como líder militar, Garibaldi se viu sempre obrigado a comandar gente despreparada. Isso certamente foi uma desvantagem no momento de definir estratégias mais sofisticadas, mas o fato de lidar com voluntários o transformava no verdadeiro senhor do destino dos subordinados. Eram homens que estavam dispostos a morrer em nome da causa, que haviam escolhido correr esse risco.

No lado oposto, ainda que a preparação pudesse ser mais apurada e os armamentos mais poderosos, muitos estavam ali por obrigação. Em decorrência disso, a disposição e a determinação raramente chegavam ao mesmo nível – o que, de certa forma, colocava os garibaldinos em igualdade de condições com qualquer exército, naquela época em que os conflitos se decidiam sobretudo no corpo a corpo.

Garibaldi era, mais do que qualquer outra coisa, um grande motivador. Se fôssemos compará-lo a um técnico de futebol da atualidade, seria daquele tipo capaz de transformar um grupo de jogadores sem técnica apurada em uma equipe coesa e com garra acima da média – perfil de time que muitas vezes consegue superar seus limites para derrotar adversários supostamente mais fortes.

★ ★ ★

Quem observasse o velho guerreiro em suas horas finais naquela sexta-feira, 2 de junho de 1882, pouco reconheceria do homem que, ao longo de sua vida atípica, viveu inúmeros dias com mais emoções concentradas do que a maior parte das pessoas experimenta ao longo de toda uma existência.

A barba, que adotara desde a juventude como símbolo de virilidade, tornara-se completamente branca. Os cabelos, sempre fartos na parte de trás da cabeça – em contraste com a calvície que desde cedo se pronunciara sobre a testa –, mostravam-se agora ralos e finos. O olhar, outrora vertiginosamente azul e com aparência surpreendentemente serena e terna para um homem que passara a vida em meio a combates mortais, estava embaçado e sem cor. As marcas de expressão do rosto, causadas por anos de privações, esforço físico e enfrentamento do sol, ressaltavam-se com a magreza acentuada desde que o apetite lhe desaparecera completamente. A voz, que no passado arrebatara multidões e assombrara inimigos pela determinação, soava agora fraca e oscilante.

Uma de suas últimas manifestações foi para pedir às pessoas ao redor da cama para que dessem comida a um grupo de toutinegras (pequenos pássaros típicos do Mediterrâneo) que havia pousado junto à janela, possivelmente para descansar de uma longa travessia.

– Talvez sejam as almas das minhas filhinhas que vieram me buscar...

Garibaldi se referia a algumas das duras perdas que a vida lhe havia imposto, que se somavam à de Anita – a mulher que ao longo de décadas ele procurou em tantas outras, sem jamais reencontrá-la – e a de inúmeros amigos e companheiros que pereceram nos campos de batalha, muitos deles diante dos seus olhos, sem que pudesse salvá-los.

Essas sofridas recordações eram de alguma forma amenizadas pela convicção de que nunca se deixara corromper pelos bajuladores, pela opulência do poder, pelas tentações da glória fácil e das compensações mundanas. Seguira sempre a própria consciência, e certamente eram poucos os homens que poderiam chegar à mesma conclusão ao fazer um retrospecto da vida. Ele sabia que havia contribuído para melhorar as condições de existência não apenas dos seus contemporâneos, mas sobretudo das gerações que viriam.

Contradições também não lhe faltaram. Embora não desse importância a bens materiais, Garibaldi não deixava de ser, em certo sentido, vaidoso. Sentia prazer em ser admirado, elogiado e seguido. Imaginava carregar em si algo de sagrado. Passou a crer no próprio mito e assumiu sem reservas o papel de herói, com atitudes que frequentemente beiravam a intolerância e a inabilidade política.

A forte ligação com a mãe, Rosa, o impregnou desde cedo de religiosidade. Apesar da grande resistência que criou em relação à Igreja Católica, a ponto de tornar-se seu inimigo, ele jamais duvidou da força das orações da mãe:

> Seu caráter angélico devia forçosamente deixar-me alguns vestígios. Não será à sua piedade pelos desgraçados, à sua compaixão pelos infelizes, que devo este amor pela pátria, amor que me mereceu a afeição e simpatia dos meus compatriotas? Não sou supersticioso, mas devo dizer que, nas circunstâncias mais críticas da minha vida, quando o oceano rugindo erguia o meu navio como um pedaço de cortiça, quando as bombas assobiavam a meus ouvidos como o vento das tempestades, quando as balas caíam em volta de mim como saraiva, via sempre minha pobre mãe ajoelhada aos pés do Senhor, orando pelo filho de suas entranhas. Se algumas vezes mostrei coragem de que muitos se admiraram, é porque estava convencido de que não me sucederia desgraça alguma quando tão santa mulher, quando semelhante anjo orava por mim.

Nunca deixou de ser um homem de hábitos simples. Na ilha de Caprera, que pôde comprar graças à herança recebida de dois irmãos que tiveram uma vida tipicamente burguesa, encontrou a serenidade para renovar suas convicções e descansar o corpo. Ali, era capaz de passar horas acompanhando o vaivém das ondas contra os rochedos, cultivando seu jardim ou simplesmente observando os pássaros.

Seu comentário sobre as toutinegras, com a respiração já próxima de se extinguir, era o epílogo perfeito para uma vida que, embora marcada pela dureza das guerras, teve muito de poética. Garibaldi nunca escondeu que gostaria de ter sido um poeta – e pode-se dizer que, à sua maneira, produziu belos versos.

A morte o elevou imediatamente à condição de mito, reconhecido como principal responsável para o sucesso do chamado *Risorgimento*, o movimento pela unificação italiana. O legado garibaldino continua na memória dos italianos, brasileiros e uruguaios, países em que construiu sua incrível trajetória de revolucionário.

Seu nome batiza navios, ruas, praças, cidades e outros lugares públicos. Estátuas de sua figura inconfundível, cavalgando corajosamente contra os inúmeros exércitos que enfrentou, espalham-se pelo mundo. Poesias e canções celebram seus feitos e sua imagem passou a ser amplamente difundida em livros, gravuras, selos e até mesmo em embalagens de produtos, como biscoitos e garrafas de vinho. Centenas de livros e filmes sobre Garibaldi, ou que tratam dos momentos históricos por ele protagonizados, foram lançados e continuam sendo produzidos.

Hoje, alguns historiadores, preocupados em investigar o passado em busca de novas interpretações, reduzem a importância do papel que ele desempenhou no processo de unificação da Itália. Reconhecem apenas o mérito de "agitador de massas", com pouca habilidade e influência políticas. Ainda que se adote esse ponto de vista, sua trajetória parece mais que suficiente para que o julgamento da História o consolide como herói.

A GÊNESE DE UM REVOLUCIONÁRIO

Considerando-se a vida efervescente que levaria, Giuseppe Garibaldi não poderia mesmo ter nascido em um lugar pacato. Nice, onde ele veio ao mundo no início da manhã de 4 de julho de 1807, era uma cidade dinâmica e movimentada à beira do Mediterrâneo, com paisagens tão encantadoras que o dístico "A Bela" tornou-se um sinônimo para seu nome.

O povoado, um dos mais antigos do continente europeu, desenvolveu-se em torno do porto, o que por si só assegurava a circulação de gente de todos os cantos, com seus idiomas diferentes e vestimentas exóticas.

A atmosfera de contestação também fazia parte do cenário da infância de Giuseppe, chamado em família pelo apelido Peppino. Duas décadas após a anexação pelo império francês, a maior parte da população da cidade continuava sem aceitar a ideia de não mais pertencer ao reino da Sardenha. Muitos se negavam a adotar o nome afrancesado e a continuavam chamando de Nizza.

Tratava-se de apenas mais uma entre várias mudanças de mãos pelas quais passara o estratégico porto ao longo da história. É até possível que a memória coletiva das turbulências enfrentadas pela cidade natal tenha, de alguma forma, contribuído para que o menino viesse a optar pela vida de revolucionário, tão desprovida de segurança e estabilidade.

No século XII, Nice integrava a Liga Genovesa, que reunia povoados da região da Ligúria, até ser invadida pelos sarracenos, passando depois ao controle do Condado de Provença e da Casa de Savoia, uma família de nobres. Em 1543, foi conquistada pelo otomano Hayreddin Barbarossa, que, associado aos franceses, escravizou os moradores. Depois de incontáveis invasões de piratas, pilhagens e pestes ao longo dos dois séculos seguintes, passou à posse do reino do Piemonte-Sardenha – até ser tomada, em 1792, pelos exércitos da Primeira República Francesa, tornando-se parte do Império Napoleônico.

Aos 6 para 7 anos, idade em que tudo se torna marcante na memória de um menino, Giuseppe teve um contato significativo com o universo das agitações políticas. Foi quando chegou a Nice a notícia da abdicação de Napoleão, no dia 15 de abril de 1814. A população da cidade, que contava então com cerca de 20 mil habitantes, entregou-se a intensas comemorações, que atravessaram a noite.

No dia 14 de maio, as tropas francesas deixaram a cidade e Nice voltou à gestão do reino da Sardenha, liderado pelo rei Vittorio Emanuele I, integrante da Casa de Savoia. Reassumiu o nome Nizza e passou a ser administrada por sua capital, Turim.

No período de domínio francês, a situação da cidade havia se deteriorado bastante. Faltava trabalho para todos, e muitas famílias passavam fome. Não havia disponibilidade dos alimentos mais básicos e as ruas andavam tomadas por mendigos. A população logo percebeu, no entanto, que o quadro não mudaria. Vários privilégios da monarquia foram restaurados e a Igreja recebeu de volta tudo o que havia sido confiscado pelo regime republicano. A insatisfação apenas mudou de lado – tanto que, quase meio século depois, em 1860, Nizza voltaria a se tornar francesa e passaria mais uma vez a ser chamada Nice.

A casa em que Garibaldi passou a infância, no porto de
Lympia: intimidade com o mar desde cedo.
[Howard Blackett, 1888.]

Mas essa é uma longa história. Por ora, vamos voltar ao ano de 1807, aquele
em que Giuseppe chegou ao mundo. Por força das circunstâncias, o bebê foi
registrado com o nome Joseph Marie Garibaldi – mas a versão em italiano é a
que passou a valer dentro da família. Graças ao princípio de *jus sanguinis*, então
vigente em toda a Europa, ele pôde ter a nacionalidade definida pelo local de
nascimento dos pais. Era um legítimo italiano, portanto.

Tratava-se do segundo filho do casal Giovanni Domenico e Maria Rosa.
Filhos de famílias vizinhas, os dois se uniram em 1794, quando Rosa completou
18 anos. Domenico, nove anos mais velho, era proprietário de um barco que
alugava para o transporte de cargas, cuidando da condução e supervisionando
o embarque e o desembarque dos produtos. Tirar o ganha-pão do mar era uma

tradição familiar. O pai de Domenico, Angelo Maria, construía e reformava barcos ali mesmo, no porto de Lympia.

Só quatro anos depois do casamento nasceria a primeira filha do casal, batizada com o nome Maria Elisabetta. A menina morreu com menos de 1 ano de idade, vitimada pela difteria, fato que causou profunda consternação aos jovens pais. O trauma com esse acontecimento e as dificuldades econômicas do início da vida em comum fizeram com que Domenico e Rosa esperassem seis anos para voltar a ter um bebê – desta vez um menino, Angelo, que herdou o nome do avô paterno.

Giuseppe chegaria três anos depois de Angelo. A essa altura, Domenico já completara 40 anos e percebia que a vida não estava se tornando menos difícil, como ele esperava – ainda mais com a família aumentando. Rosa desejava um futuro melhor para os filhos e imaginava que esse futuro poderia estar no campo, longe do mar, pois testemunhava como era penosa a lida diária do marido. Essa possibilidade nunca foi levada a sério como projeto, no entanto.

Domenico sempre dizia que trabalhar no mar era o seu destino, mesmo porque não saberia exercer outra profissão. Ele lamentava a falta de conhecimentos formais e atribuía à pouca escolaridade o fato de não ter alcançado melhores condições materiais. Era também a justificativa para a falta de arrojo como empreendedor. Nunca se aventurou além das viagens comerciais curtas, em que não se afastava mais do que algumas centenas de metros da costa.

O pai de Giuseppe era um homem simples e tranquilo, que não tinha grande paixão pelo trabalho, cumpria religiosamente as leis, jamais discutia política e respeitava os preceitos da religião católica – de tal forma que, dele, certamente não veio qualquer tipo de estímulo para que o filho se tornasse um dos maiores revolucionários da História. Talvez parte da influência tenha vindo do avô, Angelo, um anticlerical convicto, que se recusava a comparecer aos batizados dos netos para não ser obrigado a entrar numa igreja.

★ ★ ★

Logo que se casaram, Domenico e Rosa se instalaram em uma modesta residência bem em frente ao porto, pois isso facilitaria o trabalho dele. Nesse ambiente Giuseppe viveu a infância. O cais era como um quintal em que passava horas, dia após dia. Tornou-se seu verdadeiro hábitat, o lugar em que se sentia mais à vontade. O menino aprendeu a nadar praticamente ao mesmo tempo que deu os primeiros passos, fazendo as duas coisas com a mesma naturalidade. "Não me lembro quando e como aprendi a nadar, mas julgo que sempre o soube, pois desconfio que nasci anfíbio", diria mais tarde Garibaldi, jocosamente.

Logo o pequeno Giuseppe estava íntimo dos trabalhadores do porto, desde os estivadores até as prostitutas, às quais chamava pelo nome. Não se importava com o odor ardido de urina que muitas vezes tomava conta do ambiente. Adorava acompanhar o movimento das cargas sendo carregadas para dentro das embarcações ou retiradas delas.

Os contestadores e insurgentes que circulavam pelo porto exerciam um fascínio especial sobre o menino, pela convicção que demonstravam ao defender suas ideias e pela sensação de que eram homens livres para correr o mundo e enfrentar todo tipo de aventura.

Giuseppe gostava de perceber a cumplicidade silenciosa entre as pessoas que viajavam ou, direta ou indiretamente, viviam do mar. Era como se todas se entendessem só pelo olhar, mesmo que falassem idiomas diferentes e tivessem vindo dos lugares mais distantes.

A diversidade com a qual ele tinha contato nas ruas se estendia também ao ambiente doméstico. Seguindo a tradição das grandes e unidas famílias italianas, Domenico estava sempre hospedando tios, primos e avós. Gente que vinha de localidades distantes para ficar "uns dias" e acabava, muitas vezes, permanecendo por anos.

Até um padre morou na casa da família, oferecendo em troca lições de matemática e ensinamentos religiosos às crianças. Domenico sabia que não deixaria riqueza como herança aos filhos. Apostava, então, no forte direcionamento moral e na educação – proporcionada por professores particulares, como era regra à época. O principal mestre da infância de Giuseppe viria a ser um professor conhecido como Arena. Foi ele quem transmitiu ao menino os princípios básicos de latim e ensinou as regras formais do italiano e do francês, além de introduzi-lo aos fascinantes universos da Matemática e da História.

Foi nas aulas de Arena que Giuseppe despertou para a riqueza do passado e começou a desejar que um dia pudesse testemunhar o retorno dos tempos gloriosos do Império Romano. Seu encanto com as histórias era reforçado no porto, onde as canções populares entoadas pelos marinheiros lhe provocavam uma nostalgia inexplicável, como se fosse a saudade de algo que não vivera.

Giuseppe se interessava cada vez mais por política e pelas ideias liberais, mas evitava tratar desses assuntos em casa. Domenico tinha receio de que fosse visto como conspirador e preferia simplesmente proibir que essas questões fossem discutidas em família. Embora discordasse da acomodação do pai, Garibaldi nunca deixou de reconhecer o esforço de Domenico:

> De que todo o dinheiro que despendeu neste mundo, o que gastou com a minha educação foi o que com mais prazer saiu das suas algibeiras, apesar dos grandes sacrifícios que para isso era obrigado a fazer. Não julguem por isto que a minha educação foi aristocrática. Meu pai não me mandou aprender ginástica, jogo de armas ou equitação. A ginástica, aprendi-a trepando pelos cabos dos navios e deixando-me escorregar pelas enxárcias; a esgrima, defendendo a minha cabeça e tentando o melhor que podia quebrar a dos outros; e a equitação, tomando os exemplos dos primeiros cavaleiros do mundo, isto é, dos gaúchos.

Um dos maiores desejos da mãe de Giuseppe, Rosa, era que pelo menos um dos filhos seguisse carreira religiosa. Não apenas por ser ela temente a Deus e frequentadora assídua de missas – além de, em casa, passar um bom tempo ajoelhada, rezando com o terço às mãos –, mas também por considerar que caía bem para uma família, do ponto de vista do prestígio social, ter um representante na Igreja.

Alma boa e caridosa, reconhecida nas vizinhanças pelo espírito colaborativo, Rosa estava sempre pronta para ajudar quem precisasse. Parecia ter sido talhada para se tornar o protótipo da mãe italiana – emotiva, intensa, exagerada, intrometida, afetuosa, superprotetora.

Dedicava boa parte das suas atenções a Giuseppe. O menino, que desde cedo demonstrara doçura no trato e preocupação com o bem-estar dos outros, tornara-se o candidato natural da mãe a se transformar no padre da família. O próprio Garibaldi registrou um episódio da infância que, na sua opinião, ilustrava como seu coração era bom e puro: "Um dia, estava pegando um grilo no quintal e, quando o levei para casa, quebrei uma perna do pobre bicho ao apertá-lo em minhas mãos: fiquei com tal pena que me fechei no quarto e chorei durante várias horas."

Mas, como frequentemente ocorre com a visão de uma mãe em relação a um filho, Rosa era tendenciosa a favor das virtudes de Giuseppe. Ao mesmo tempo que praticava atos bondosos, ele podia ser também cruel e grosseiro em outras ocasiões. Nem sempre pensava nos outros em primeiro lugar: muitas vezes priorizava a própria satisfação, como qualquer criança. Era na maior parte do tempo sociável, mas também tinha momentos taciturnos.

Toda essa dubiedade no comportamento de Giuseppe se refletiria bem mais tarde nos campos de batalha. O mesmo homem capaz de pedir silêncio total à tropa que comandava, durante uma caminhada, apenas para ouvir o ruído do vento nas árvores ou o canto de um pássaro ao longe, não hesitava em fazer jorrar sangue dos inimigos nos confrontos corpo a corpo.

Nas ocasiões em que precisava defender a própria vida, agia com frieza e precisão, quase como se estivesse lidando com uma operação mecânica, um simples ato do cotidiano, e não com o momento mais extremo, delicado e selvagem que alguém pode enfrentar – a possibilidade de morte imediata, tendo como única alternativa aniquilar o oponente.

O destemor era a característica que desde cedo mais chamava a atenção em Giuseppe. Ele parecia não ter sido contemplado com o freio do bom senso. Podia escalar a mais alta das árvores sem pensar na possibilidade de que, no eventual rompimento de um galho, a queda poderia ser muito dolorosa ou mesmo fatal.

Por mais que seu pai investisse nos estudos, Giuseppe nunca se sentiu tão atraído pelos livros quanto pela vida ao ar livre. O rapaz apreciava a liberdade e, para ele, na adolescência, nada poderia simbolizar mais a sensação de ser livre do que o contato com a natureza. Assim, ele se mantinha muito ativo fisicamente. Nadava todos os dias, corria pela praia, saltava pelos rochedos. Tornou-se um jovem esguio e atlético, com os cabelos louros sempre ao vento e a pele dourada pelo sol.

Da mesma forma, jamais se sentiria tão à vontade entre os ricos e os nobres quanto se sentia entre as pessoas simples do povo. Eram traços da sua índole que não mudariam ao longo dos tempos.

Logo ficaria claro para Rosa que Giuseppe não era mesmo propenso à carreira religiosa – possibilidade que ele começou a renegar com todas as forças assim que teve idade para entender o que representava se tornar padre. Tudo o que queria era correr o mundo e se meter em aventuras. Nada poderia ser mais oposto a esse futuro idealizado do que passar dias rezando ou fazendo retiro em um lugar isolado. Além do mais, àquela altura, ele já sabia que as mulheres eram a criação mais bela da natureza.

Nenhum dos irmãos de Giuseppe realizaria o desejo da mãe. Tiveram vidas comuns, dentro das expectativas da sociedade. Curioso observar que, apesar da tranquilidade e da segurança que desfrutaram, todos viveram menos tempo que ele – só Giuseppe alcançou os 60 anos de idade.

Angelo (1804-1853) partiu cedo para a América, onde fez carreira comercial e depois diplomática, chegando ao cargo de cônsul do Piemonte-Sardenha na Filadélfia, Estados Unidos. Michele (1810-1866), nascido quando Giuseppe tinha 6 anos, e Felice (1813-1855) seguiram a vocação familiar e se mantiveram ligados ao mar – Felice como representante de uma companhia de navegação, radicado em Nápoles, e Michele como capitão da Marinha, ali mesmo em Nice.

A ITÁLIA DESFIGURADA

Em 1815, após a queda de Napoleão na célebre Batalha de Waterloo, na Bélgica – ponto-final da sua derradeira tentativa de manter-se no poder –, os líderes das grandes potências vencedoras reuniram-se no chamado Congresso de Viena para discutir o destino das terras reconquistadas. Era preciso reorganizar o mapa depois do tumulto armado pelo imperador francês ao longo de quase duas décadas.

Com disposição insaciável para conquistar novas terras e ampliar sua área de hegemonia, Napoleão desafiara todos os povos do continente. Chegou a dominar a maior parte do território europeu. Só mesmo a união dos seus principais inimigos – russos, prussianos e austríacos – foi capaz de derrotá-lo. Era a chamada "Santa Aliança", que, além de interromper as ações de Napoleão, tinha como grande objetivo conservar o poder absolutista nas mãos dos monarcas e da Igreja, combatendo as ideias liberais que se espalhavam pelo continente.

Com Napoleão vencido e mandado ao exílio na ilha de Santa Helena, toda cercada por rochas – o que a tornava a prisão perfeita –, era preciso redistribuir o território europeu entre os membros da aliança vencedora. As negociações seguiam tensas, pois era necessário levar em conta o papel que cada um exercera nos embates com as forças napoleônicas.

Durante o período em que permaneceu submetida ao imperador francês, a Itália ao menos reviveu a sensação de ser uma nação única, regida por um mesmo poder central. Manter esse tipo de arranjo não estava no horizonte dos líderes que se reuniram em Viena, entretanto. A ideia era retalhar o território italiano para que cada família nobre pudesse receber seu reino e seu punhado de súditos.

ANTES E DEPOIS DA UNIFICAÇÃO

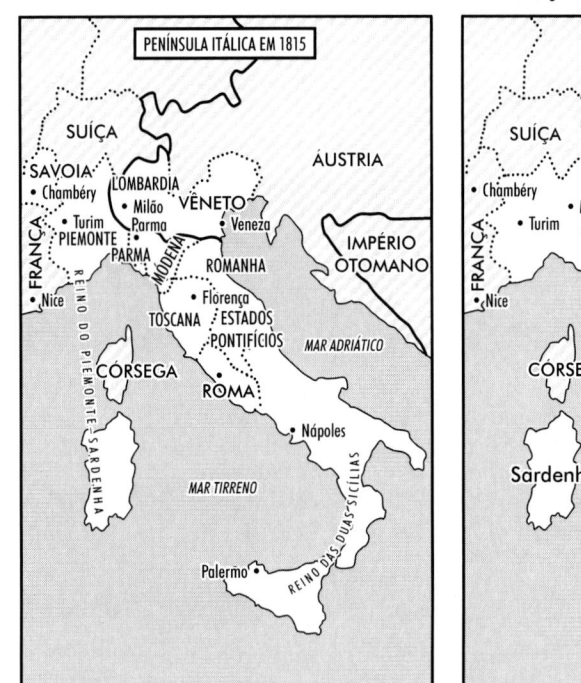

Os Estados italianos em 1815, sob o governo de Napoleão Bonaparte, e em 1871, como um só reino controlado pela Casa de Savoia.

Em meio às polêmicas e argumentações, a última preocupação era respeitar a história e a identidade cultural dos territórios que seriam divididos. No que dizia respeito à Itália, as especulações sobre o destino de 20 milhões de pessoas eram feitas com frieza, a partir de um mapa estendido sobre a mesa.

A península itálica se transformou numa espécie de "troféu" do mundo antigo e decadente. Os líderes reunidos optaram pela sua divisão arbitrária em pequenas cidades-Estados, principados e ducados, cada um deles com governo próprio. O conceito de Itália permaneceria apenas como mera "expressão geográfica", nas palavras do príncipe do Império Austríaco, Klemens Wenzel von Metternich, principal organizador do Congresso de Viena.

Governado pela dinastia da Casa de Savoia, o reino do Piemonte-Sardenha seria o único reduto a permanecer com origens genuinamente italianas. As demais partes do norte da península ficariam sob tutela do Império Austríaco, representado pela Casa de Habsburgo: o reino Lombardo-Veneziano, o ducado de Parma (que seria doado à imperatriz Maria Luísa), o ducado de Módena (a um nobre austríaco) e o grão-ducado da Toscana.

Na região central da península, os Estados pontifícios, compostos por quatro províncias – Roma, Romanha, Marcas e Úmbria – permaneceriam sob o comando do papa, com autoridade sobre essa região equivalente à de um rei. Além de assegurar seus quinhões, era do interesse da Igreja preservar os Estados italianos separados uns dos outros, para que seu próprio poder permanecesse intacto, sem uma força que pudesse confrontá-lo. Ao sul, o reino das Duas Sicílias, que compreendia a Sicília propriamente dita e Nápoles, ficaria sob domínio da França, representada pela família Bourbon.

A divisão dos territórios acertada em Viena viria a agravar os desentendimentos entre as nações e semeou os conflitos que a Europa vivenciaria ao longo do século. Mais do que isso, serviu como fertilizante para a revolta da população.

Evocava-se constantemente o princípio de que as monarquias resultavam do direito divino, herdado da vontade de Deus, mas esse tipo de argumento estava sendo cada vez menos tolerado. Crescia o número de pessoas e de organizações secretas que se mostravam menos dispostas a aceitar o poder absoluto e incontestável dos reis. A Revolução Francesa difundira o princípio de que todo povo tem o direito de escolher como e por quem será governado – e que para cada Estado deve corresponder um país independente e soberano.

Muitos italianos não aceitavam a fragmentação e decidiram que iriam lutar – entregando a vida, se necessário, pelo ideal de ver a Itália novamente unificada e transformada em uma grande nação, assim como havia sido até o sexto século depois de Cristo.

O patriotismo italiano renascia com força, baseado em grande parte na sensação de injustiça que predominava entre o povo. Enquanto a maioria sofria com a escassez de alimentos e a dificuldade para encontrar trabalho, os nobres e os religiosos desfrutavam de uma série de privilégios. Ganhava força um movimento, o *Risorgimento* ("Ressurgimento"), cujo manifesto era uma convocação para a luta:

> Italianos, é chegada a hora em que o grandioso destino da Itália deve se realizar! Que toda dominação estrangeira desapareça do solo italiano. Que uma representação verdadeiramente nacional, que uma Constituição digna deste século e de vocês garanta a vossa liberdade e a vossa prosperidade... e governe a Itália feliz, a Itália independente!

Em 1817, dois anos depois do Congresso de Viena, uma insurreição em Maserata, região sob domínio do Vaticano, foi duramente repreendida – alguns líderes do movimento foram mortos e outros condenados à prisão perpétua. Em 1820, uma revolta liberal nascida na Espanha voltou a inflamar os ânimos na península itálica. Surgiram focos de resistência ao domínio austríaco, fortemente combatidos por Metternich. As tropas austríacas invadiram Nápoles, principal centro revolucionário, e não hesitaram em executar os líderes do movimento, para dar o exemplo. Outros integrantes tiveram "apenas" a mão direita decepada.

O ambiente de convulsão obrigou Fernando I, o soberano do reino das Duas Sicílias, a adotar uma Constituição. Tratava-se de um avanço na direção de reduzir o poder absolutista dos monarcas, amedrontados com a crescente pressão popular pela implantação do sistema republicano de governo.

Em meio às conturbações, Vittorio Emanuele abdicou ao trono do reino da Sardenha e foi passar alguns dias em Nice, evento que marcou a adolescência de Garibaldi. Os pescadores prepararam uma bela recepção ao monarca sem trono, espalhando seus barcos, festivamente iluminados, por toda a Baía dos Anjos. No reino, Vittorio Emanuele I foi substituído pelo irmão mais novo, Carlos Felix.

As revoltas que levaram o rei à renúncia eram fomentadas pela Carbonária, uma organização secreta que se opunha à fragmentação do país e à indiferença com que os governantes tratavam o povo. Era assim chamada porque muitos de seus primeiros integrantes se dedicavam à atividade da carvoaria. Com o tempo, o movimento foi recebendo adeptos das classes dominantes da sociedade – a nobreza, o exército, a burguesia ascendente e os meios universitários –, o que lhe concedeu maior embasamento teórico e aumentou a capacidade de organização.

Os carbonários tentavam ser um obstáculo ao crescente poder dos monarcas e da Igreja. Inspirados pelos princípios da Maçonaria e sentindo-se de certa forma continuadores dessa instituição, cujo funcionamento em território italiano havia sido proibido pelos franceses, os carbonários chamavam uns aos outros de "bons primos" e só permitiam a entrada de novos integrantes a partir de sólidas indicações. Era uma estratégia, nem sempre bem-sucedida, para reduzir as possibilidades de que espiões se infiltrassem no movimento.

VIAGEM INICIÁTICA A ROMA

Desde pequeno, Giuseppe sonhava em acompanhar o pai em suas viagens. Pedia isso com insistência, mas Domenico respondia que ele precisava ter paciência para esperar o momento certo. Enquanto isso, o rapazinho procurava se informar sobre tudo o que dizia respeito à arte da navegação. Logo estava dominando teoricamente os princípios básicos, como a direção dos ventos e a orientação pelas estrelas e também boa parte dos termos específicos.

Com seu espírito indomável, Giuseppe não conseguiu esperar pela autorização do pai. Aos 12 anos, considerando seu cotidiano excessivamente monótono, convocou três amigos da mesma idade, também filhos de marinheiros, para acompanhá-lo em uma grande aventura. O quarteto "pegou emprestado" um barco a vela e partiu de Nizza com a intenção de chegar a Gênova, um dos maiores portos europeus, localizado a 200 km dali.

Logo alguém deu pela falta da embarcação no porto – e também dos meninos, de tal forma que não foi difícil ligar um fato ao outro, sobretudo porque todos sabiam que Giuseppe falava obstinadamente sobre o assunto e imaginavam que um dia ele poderia mesmo tentar uma aventura do gênero.

Sabendo dos perigos do mar e preocupado com o que pudesse acontecer aos meninos, Domenico contratou um pirata profissional para perseguir o filho e seus amigos. O grupo foi alcançado na altura de Mônaco, a 25 km de Nizza, e trazido imediatamente de volta para casa. Cada um deles foi severamente castigado pelos pais – a Giuseppe coube a pior parte da reprimenda, já que, conforme confirmaram os outros rapazes, a ideia havia sido dele.

Alguns meses depois, um drama abalou a família Garibaldi. Foi a morte da caçula Teresa, aos 3 anos, vítima de um incêndio causado por um aquecedor movido a lenha. O equipamento virou no meio da noite e as chamas se espalharam rapidamente pelo quarto em que ela dormia ao lado de uma babá, que também não conseguiu escapar.

A tristeza com a morte da irmã, primeiro grande sentimento de perda que Giuseppe enfrentaria – e com o qual teria que aprender a lidar ao longo da vida, pois se tornaria frequente –, só aumentou nele a vontade de correr o mundo. Ao completar 15 anos, ele finalmente recebeu a tão esperada permissão do pai para acompanhá-lo numa viagem.

Rezava a tradição dos marinheiros que houvesse uma festa familiar para celebrar a ocasião. Rosa até organizou a comemoração, mas não escondia a insatisfação com o futuro que se desenhava para o filho predileto. Já que havia perdido de vez a esperança de vê-lo em um seminário, queria ao menos que ele escolhesse uma profissão capaz de assegurar uma vida mais estável.

A viagem de estreia foi curta, mas suficiente para que o rapaz tivesse certeza de que era aquilo que queria fazer na vida. Conhecer outros lugares, outros povos, outros costumes. Assim que voltou a Nizza, alistou-se como candidato a aprendiz de marinheiro no bergantim La Constanza, comandado por um amigo de seu pai, Angelo Pesante. Foi convocado para uma longa viagem até Odessa, na Ucrânia.

Apesar do vínculo de amizade com o comandante da embarcação, Giuseppe foi avisado desde o início de que não desfrutaria de privilégios. Teria que exercer todos os serviços subalternos, como qualquer outro iniciante. E começaria pelas funções mais básicas – limpeza, para ser exato. Ansioso para mostrar serviço, ele realizava com o máximo de empenho as tarefas.

Tudo era novo e deslumbrante naquela viagem. Encantavam-lhe as paisagens e assustavam-lhe as ondas fortes e as turbulências das tempestades, mas o prazer de compartilhar o estilo de vida dos marinheiros compensava quaisquer dificuldades. Ao final de cada dia extenuante de trabalho, ele tinha uma recompensa: sentava-se para ouvir as histórias de Pesante e dos outros navegadores experientes, que falavam sobre tudo o que haviam visto mundo afora ao longo de anos e anos de aventuras.

Giuseppe se adaptou bem à atmosfera dos portos e das viagens, onde os ideais do amor romântico e a promiscuidade conviviam em inusitada harmonia. Para ele, criado sob as saias de uma mãe religiosa e a sisudez de um pai rigoroso, que nunca falava abertamente aos filhos sobre as coisas da vida mundana, tudo aquilo era um universo novo. Apaixonou-se fugazmente pela primeira mulher da sua vida, encontrada em um dos portos, e por muitas outras que viriam depois. Mas sonhava com o momento em que teria um nome e um rosto para lembrar afetuosamente nas longas horas de viagem sob o luar.

O rapaz retornou tão amadurecido de Odessa que as brincadeiras e conversas com os amigos adolescentes não mais lhe interessavam. Ele havia se tornado, como sempre sonhara, um cidadão do mundo. Passou então a acompanhar o pai na maioria de suas viagens.

Em 1825, alguns meses antes de completar 18 anos, partiu ao lado de Domenico para uma viagem a Roma, a bordo de uma tartana – tipo de embarcação a vela frequentemente utilizada à época no mar Mediterrâneo –, batizada com o nome da padroeira de Nizza, Santa Reparata. Domenico foi contratado para levar uma carga de vinho e convidou o filho para conhecer a Cidade Eterna.

Seria a realização de um sonho para o jovem. Como estudioso e admirador da história de Roma, ele a considerava o principal centro político e cultural do mundo. Para Giuseppe, nenhuma cidade tinha um passado mais glorioso e merecia um futuro mais brilhante.

A visita despertou nele uma série de sentimentos contraditórios. A chegada a Roma ocorreu em meio a um período de celebrações religiosas, e toda a ostentação que testemunhou – as procissões, os objetos de ouro, as vestes dos padres, bispos e cardeais – contrastava com a pobreza do povo. Era evidente o alto grau de corrupção na administração da cidade, nas mãos da Igreja. Tudo isso só fez ampliar no jovem Giuseppe a vontade de contribuir de alguma forma para reduzir a desigualdade e fazer com que Roma voltasse a ser o farol do mundo.

> Amava-a com todo o fervor de minha alma, não somente nos combates soberbos de sua grandeza durante tantos séculos, mas nos menores acontecimentos que eu guardava no meu coração como um legado precioso. [...] Roma era para mim a Itália, porque somente vejo a Itália na reunião das suas províncias dispersas e vejo em Roma o símbolo por excelência da unidade italiana.

A cidade sempre foi um centro difusor de ideias, característica que chegou ao auge durante o Renascimento, o movimento artístico-cultural mais importante da história da humanidade, por conta da influência que exerceu direta ou indiretamente em todas as áreas do conhecimento.

Quando chegou o período das grandes navegações, no entanto, o domínio econômico passou a ser exercido pelos reinos voltados à expansão: Espanha, Portugal, Inglaterra e Holanda. Roma e outras cidades da península itálica – que vinha sofrendo ao longo dos séculos com as invasões bárbaras, as pilhagens de piratas, a crescente presença árabe e a submissão às diretrizes da Igreja – permaneciam alheias à conquista de terras distantes. O comércio no Mediterrâneo, principal fonte de renda dessas cidades, perdeu força no novo cenário.

O empobrecimento ressaltou as diferenças entre os principais centros populacionais da região e minou o espírito de unidade. Cidades como Milão, Gênova, Florença e Veneza se tornaram praticamente independentes, com leis específicas, sistemas monetários exclusivos e relações comerciais próprias.

A decadência italiana alcançou seu ponto máximo no século XVIII. Com a chegada de Napoleão ao poder e sua sede de expansão, uma certa ideia de unidade italiana até voltou a existir entre 1796 e 1815, período em que ele conseguiu repetir as conquistas de Carlos Magno e ter França, Itália e Alemanha sob seu domínio. Depois de derrotado e exilado em Santa Helena, o imperador nascido na Córsega, oriundo de uma família nobre italiana que havia empobrecido nas gerações anteriores à sua, estava convencido de que a unidade italiana era um destino do qual não seria possível escapar:

> A Itália, isolada em seus limites naturais, separada pelo mar e por três altas montanhas do resto da Europa, parece destinada a formar uma grande e poderosa nação; porém, em sua configuração geográfica, há um vício capital que se pode considerar como causa das desgraças que ela tem padecido e do esfacelamento desse belo país em várias monarquias ou repúblicas independentes: seu comprimento é desproporcionado à sua largura [...] Mas embora o sul esteja separado do norte, pela situação a Itália é uma nação uniforme; a unidade de costumes, de língua, de literatura, deve, em um futuro mais ou menos distante, reunir enfim seus habitantes sob um único governo [...] Roma é, sem dúvida, a capital que os italianos escolherão um dia.

INGRESSO NA JOVEM ITÁLIA

Depois que sentiu a emoção das viagens, o jovem Giuseppe Garibaldi não quis mais se afastar do mar. Durante os dez anos seguintes, o Mediterrâneo se tornou praticamente sua casa – e os portos lhe seriam cada vez mais familiares.

Ele procurava conhecer a fundo os lugares por onde passava, convivendo com as pessoas do povo e circulando por todo tipo de ambiente. Sempre que possível, atualizava-se sobre as rebeliões que se multiplicavam pela Europa. A mais recente havia explodido na Rússia, com o objetivo de derrubar o czar. E a mais duradoura era a insurreição grega, que havia começado alguns anos antes e chegara a um ponto crítico de repercussão com a morte de Lord Byron em Missolonghi, cidade que se encontrava sitiada pelo Império Otomano. Aos 36 anos, o controverso poeta inglês, célebre tanto pela vida pessoal escandalosa quanto pela força dos versos, havia ido lutar a favor da causa grega, simplesmente por considerá-la justa, e contraiu tifo. Sua morte trágica o transformou em um herói para os gregos.

Era o tipo de história que comovia o jovem Giuseppe. Pareceu-lhe natural traçar paralelos entre a situação da Grécia e a de Roma. Ambas haviam abrigado as civilizações mais importantes do passado e agora se encontravam sob domínio estrangeiro. Se os gregos lutavam contra os turcos para reconquistar a independência e a grandeza, por que os italianos não poderiam fazer o mesmo em relação aos austríacos?

Não apenas Giuseppe pensava assim. Muitos outros jovens se organizavam em movimentos secretos, sob risco de enfrentar todo tipo de repressão – desde torturas até execuções sumárias, sem direito a julgamento, realizadas com a intenção clara de dar exemplo.

Em 1828, nas montanhas de Cilento, uma insurreição surgida com o objetivo de tomar a cidade mais próxima, Salerno, foi violentamente abafada com o massacre dos revolucionários, executados em praça pública. As cabeças foram expostas nos respectivos vilarejos de origem, com a anuência da Igreja.

Aos 22 anos, em meio a uma de suas viagens pelo mundo, Giuseppe sentiu na pele como a vida humana pode ter pouco valor para muitos homens. Ele integrava a tripulação do bergantim Cortese quando adoeceu. Para não ser um "estorvo" a bordo, foi cruelmente abandonado pelo capitão em Constantinopla (que teria o nome posteriormente mudado para Istambul), sem recursos para sua sobrevivência.

Por sorte, foi acolhido por uma senhora, Luigia Sauvaigo, quando andava sem rumo pela capital da Turquia. Tratava-se de uma viúva de família italiana que se apiedou da situação do rapaz e cuidou dele até que recuperasse plenamente a saúde e pudesse ganhar algum dinheiro. Enquanto procurava novo trabalho como marinheiro, Giuseppe deu aulas de francês aos três filhos da viúva.

Acabou permanecendo mais de um ano em Constantinopla, tempo suficiente para inteirar-se da situação política grega e ver de perto como um povo podia se organizar na luta contra seus opressores. Giuseppe estava lá em setembro de 1829, quando a Grécia conquistou sua independência, com a assinatura do Tratado de Andrinople, mais de cinco anos depois da morte de Lord Byron.

Na Itália, os acontecimentos na Grécia foram interpretados como um sinal de que era preciso continuar a luta. Enquanto essas questões iam amadurecendo e ganhando espaço nos pensamentos de Giuseppe, ele tinha que cuidar da própria sobrevivência.

De volta a Nizza, retomou o trabalho em navios mercantes. Eram missões sempre repletas de aventuras, algo que estava de acordo com as aspirações do rapaz – tudo o que ele não desejava era levar uma vida comum e monótona. Em certa ocasião, teve que lutar contra piratas que tentaram dominar a embarcação para a qual trabalhava. Foi possivelmente aí que viveu pela primeira vez a experiência de matar outro homem.

Com tantas histórias para contar, o rapaz tornou-se uma celebridade em sua cidade natal. Cada vez que voltava a Nizza, era recebido no porto por um grupo de amigos que aguardava ansiosamente o relato de suas mais recentes aventuras pelos sete mares. Giuseppe gostava da sensação de agregar as pessoas, de tornar-se uma referência, de ser admirado. Sentava-se para descrever em detalhes como havia sido a viagem e, como um bom contador de histórias, enfatizava com dramaticidade as passagens mais importantes.

Numa das viagens de Giuseppe na embarcação do pai, estava a bordo o francês Émile Barrault. Ele seguia, ao lado de 12 companheiros, para o exílio em Constantinopla, após terem sido expulsos da França. Discípulo de Henri de Saint-Simon e seu socialismo utópico, que pregava a necessidade de um homem lutar não apenas pela liberdade individual e do seu povo, mas também pela liberdade de todos os povos oprimidos, Barrault e seus homens pretendiam fundar uma nova sociedade, que pregasse e praticasse a igualdade real entre os homens.

Como primeiro oficial da embarcação, Giuseppe teve a oportunidade de se aproximar do grupo ao longo da viagem. O rapaz, então com 26 anos, estava muito interessado no que aqueles homens tinham a dizer. "Nossa missão é assegurar a cada um parte igual no banquete da vida", dizia Barrault, com a seriedade transmitida pela densa barba negra, embora tivesse apenas 34 anos.

A aura quase sagrada daquelas palavras fascinava Giuseppe. Ao final da viagem, Barrault o presenteou com seu próprio exemplar de *O novo cristianismo*, escrito por Saint-Simon. Fortemente influenciado por esse encontro, não tardaria para que Garibaldi ingressasse na vida revolucionária. Decidiu que era hora de sair da proteção do pai e ganhar o mundo de vez.

Já bastante experiente tanto na lida do mar quanto nas agruras da vida, ele se candidatou ao cargo de capitão – e foi escolhido para assumir o comando da pequena embarcação Nostra Signora delle Grazie. Tornou-se, em seguida, comandante da escuna Chlorinde, com a missão de transportar um carregamento de laranjas até a Rússia e retornar a Marselha com grãos de linho e talco.

A perspectiva de ter tempo disponível nas longas viagens fez aumentar em Giuseppe o interesse pela leitura, quase sempre sobre temas políticos e revolucionários. Um dos livros que mais o influenciaram nessa época foi *Minhas prisões*, de Silvio Pellico, um dos carbonários presos em 1820 pelos austríacos.

Pellico já exercia a atividade de escritor quando se envolveu com o movimento. No livro, relatou as torturas sofridas durante os oito anos de cativeiro – crueldade que reforçou em jovens como Garibaldi, assim como na sociedade italiana em geral, o sentimento de repulsa ao domínio austríaco.

O barco precisou permanecer alguns dias retido no porto de Taganrog, na Rússia, por conta do mau tempo. Era um lugar pequeno, que não proporcionava distração alguma além de uma taverna, onde se podia beber algo e jogar conversa fora com outros marinheiros. Numa das noites, ao entrar na taverna, ele avistou um grupo de marinheiros italianos que conversava com grande empolgação. Não cogitou, a princípio, participar da conversa. Sentou-se sozinho, com um jornal à frente. Mas não conseguia se concentrar, pois era inevitável prestar atenção no assunto em discussão: a situação política da Itália. Logo estava interagindo com o grupo.

Um homem alto e de gestos largos cumpria o papel de líder. Era o que mais falava e parecia ser o mais respeitado. Tratava-se de Giovanni Battista Cuneo, que naquela mesma noite apresentaria a Garibaldi os princípios da Jovem Itália e reforçaria a sua vontade de lutar pela causa da unificação italiana.

Garibaldi já tinha ouvido falar da sociedade secreta que conspirava contra a monarquia, mas nunca tivera a oportunidade de receber uma explicação detalhada do seu funcionamento diretamente de alguém que fazia parte dela. Fundada em 1831, a Jovem Itália era uma das muitas organizações que surgiram no rastro dos carbonários. Seu criador, Giuseppe Mazzini, somava àquela altura apenas 28 anos, dois a mais que Garibaldi.

Mazzini considerava a Carbonária excessivamente teórica e propunha estratégias concretas para que as conspirações deixassem as tavernas, onde ocorriam as reuniões secretas, e ganhassem as ruas. Também influenciado pelas teorias socialistas de Saint-Simon, ele defendia a organização de levantes populares para lutar contra a dominação da Itália pelos estrangeiros e conquistar a sonhada unificação. O único caminho para isso, considerava Mazzini, seria varrer de vez o regime monarquista e implantar a república.

Acusado de conspiração, Mazzini foi capturado em novembro de 1830. Durante os três meses em que permaneceu na prisão, concebeu a doutrina do movimento que fundaria oficialmente no ano seguinte. Decidiu, então, se instalar em Marselha, na França, de onde continuou, ainda que a distância, seu trabalho de arregimentar voluntários para o grande objetivo da Jovem Itália – transformar a península inteira, dos Alpes à Sicília, em uma só nação.

Assim que chegou a Marselha, retornando da viagem à Rússia, Garibaldi procurou membros da Jovem Itália, seguindo as orientações de Cuneo. Logo seria apresentado a Mazzini, que comandou a cerimônia de seu ingresso na irmandade.

O novo membro fez um juramento de fidelidade à causa, afirmando que estava disposto a defender os ideais da Jovem Itália com a própria vida. "Chamo sobre a minha cabeça a cólera de Deus, o desprezo dos homens e a infâmia do perjúrio se eu trair no todo ou em parte meu juramento", repetiu as palavras protocolares. Seguiu-se a leitura do estatuto e, para encerrar a solenidade, vivas ao símbolo do movimento – um ramo de cipreste – e à bandeira, vermelha, branca e verde, com a inscrição "Liberdade, igualdade, humanidade" de um lado e "Unidade e independência" do outro.

Mazzini encerrou a cerimônia apertando a mão de Garibaldi:

– Irmãos, agora – disse.

Ao que Garibaldi respondeu:

– E sempre.

Garibaldi (em pé) e Mazzini: irmanados por um ideal, nunca se entenderam sobre a estratégia para alcançá-lo.

Como indicava o nome, os integrantes da sociedade eram na maioria jovens, que se reuniam clandestinamente – sempre em pequenos grupos, para não despertar a atenção. Seus integrantes formavam células de quatro componentes, com um líder, e apenas ele podia se comunicar com líderes de outras células.

As associações secretas reuniam de pessoas ricas a simples pescadores em torno do objetivo comum de restituir um governo livre sobre a Itália esfacelada. Seus integrantes levavam uma vida aparentemente comum durante o dia – as reuniões ocorriam sempre na calada da noite, em ambientes reservados. Eram cidadãos que não aceitavam ser submetidos ao governo de príncipes estrangeiros, que concediam poucos direitos políticos e nenhuma liberdade de expressão, já que as notícias eram censuradas e os jornais de oposição obrigados a funcionar clandestinamente.

Apesar do primeiro nome e da faixa etária em comum, Garibaldi e Mazzini haviam descrito trajetórias bem diferentes uma da outra. Afastando-se do sonho de se tornar escritor, Mazzini se formara em Direito em 1827, ligando-se nessa época aos carbonários. Era um intelectual, oriundo de família burguesa, repleta de advogados e juristas. Já Garibaldi, um homem de ação, vinha de uma família de gente simples, que há gerações tirava o sustento do mar ou realizava outros trabalhos braçais. Talvez por conta disso Garibaldi tenha sentido, nesse primeiro encontro, um certo ar de desprezo e superioridade por parte de Mazzini.

FUGA PARA O BRASIL

Ansioso por participar diretamente das ações contra o domínio estrangeiro, Garibaldi se colocou à disposição de Mazzini para qualquer tarefa. Mas o grupo de intelectuais em torno do líder revolucionário via aquele afoito marinheiro com certa desconfiança. De onde ele surgira, afinal de contas? Quem poderia assegurar que não era um espião?

O próprio Mazzini estranhou, a princípio, tamanha disposição em lutar pela causa. Mas não demorou para se convencer de que Garibaldi era mesmo um jovem livre e destemido, que exalava idealismo por todos os poros. Uma de suas características mais marcantes era mirar firmemente nos olhos do interlocutor, tanto no momento em que falava, sempre com eloquência, quanto naquele em que ouvia, com o máximo de atenção.

Essas características o tornariam um dos membros mais eficientes na missão de arrebatar novos seguidores para a Jovem Itália. Mas sua dedicação a esse objetivo implicava, naturalmente, o grande risco de ser descoberto. Nesse caso, poderia ter o mesmo fim de vários outros revolucionários que vinham sendo presos, torturados ou executados.

A primeira grande tarefa recebida por Garibaldi seria se infiltrar na Marinha Real para extrair informações estratégicas e semear entre seus componentes os ideais da Jovem Itália. Antes de seguir adiante nessa missão, ele fez questão de passar em Nizza para rever os pais. Não falou abertamente sobre o que estava fazendo e muito menos em que tipo de organização estava se metendo. O velho Domenico não o perdoaria. Rosa, com a sensibilidade de mãe, captou a tensão no ar e percebeu que havia em torno daquele encontro certa atmosfera de despedida.

Garibaldi aproveitou a visita à terra natal para tentar conquistar, entre seus amigos, algumas adesões à Jovem Itália. O único a se prontificar naquele momento foi Edoardo Mutru. Os dois se conheciam desde pequenos e Giuseppe não precisou de muitos argumentos para convencê-lo, pois Mutru também tinha espírito aventureiro e nutria uma admiração imensa pelo amigo.

Assim que deixaram Nizza, nos últimos dias de 1833, os dois cumpriam o plano do alistamento na Marinha. Ambos já haviam passado da idade para recrutamento, mas havia uma exceção para quem comprovasse ter experiência na marinha mercante – nesse caso, o limite de idade podia ser expandido até os 40 anos.

Conforme era tradição para quem ingressava na Marinha Real, Garibaldi teve que definir um nome de guerra, pelo qual seria chamado internamente. Lembrou-se das aulas do professor Arena e escolheu Cleombroto, um personagem histórico, irmão do rei Leônidas I, que governou Esparta entre 490 e 480 a.C. e foi o herói das Termópilas, desfiladeiro da Tessália. Ali, liderando 300 espartanos e tendo o irmão sempre ao seu lado, Leônidas combateu heroicamente milhares de soldados liderados pelo rei Xerxes, graças à estratégia de esperá-los em um afunilamento natural, circunstância em que a vantagem numérica fez pouca diferença.

A escolha do irmão de um grande líder não deixava de ser uma metáfora à situação dele em relação a Mazzini. Ao optar pelo nome de um coadjuvante da História, cuja trajetória foi marcada acima de tudo pela fidelidade, Garibaldi transmitia uma mensagem de lealdade e humildade. Era também uma referência a uma batalha histórica em que, graças à astúcia e à coragem, um lado mais fraco lutou de igual para igual com um adversário supostamente bem mais forte. Era como se Garibaldi antevisse que enfrentaria esse tipo de situação inúmeras vezes dali em diante.

Os planos de Mazzini eram invadir o Piemonte, no norte italiano, em duas frentes por terra, oriundas de diferentes direções, ao mesmo tempo que um levante popular estouraria em Gênova. Dessa forma, o poder de reação das forças do governo seria diluído. Infiltrado na Marinha, Garibaldi teria um papel importante em um dos pontos críticos do plano: criar condições para a tomada do arsenal de Gênova, que ocupava vários prédios do porto. Esses prédios serviam também de hospedagem para os carabineiros, os policiais fiéis à monarquia.

Tão logo se apresentaram à Marinha, Garibaldi e Mutru começaram a agir para cumprir a missão de semear a revolta entre seus colegas, para que a planejada insurreição em Gênova ganhasse o respaldo da esquadra. Levavam também algum dinheiro, fornecido por Mazzini, para ajudar na conquista de adesões estratégicas entre marinheiros que não se deixassem convencer apenas pela ideologia.

Garibaldi passou a servir na fragata Eurídice e Mutru na maior embarcação sarda, a Ammiraglio Des Geneys − para a qual Garibaldi seria, por coincidência, transferido algumas semanas depois. Assim, os amigos puderam continuar maquinando juntos os seus planos revolucionários. Garibaldi demonstrava-se um tanto afoito como conspirador, contudo. Muitas vezes falava mais que o necessário. "O seu grande problema", disse-lhe Mazzini certa vez, "é que você acredita demais nas pessoas".

Talvez por culpa de Garibaldi, os planos de Mazzini foram descobertos e o governo iniciou uma série de prisões na véspera do dia marcado para a insurreição. Enquanto isso, sem saber de nada, o jovem revolucionário seguia em sua missão a bordo da Ammiraglio Des Geneys. Quando a embarcação chegou a Gênova, ele e Mutru cumpriram o roteiro e pediram para descer do navio, com a justificativa de que precisavam consultar um médico para tratar de doenças venéreas. Seguiram até a praça Sarzana, ponto de encontro combinado para iniciar a invasão do arsenal.

Os homens de contato que deveriam estar por ali não foram vistos. Garibaldi imaginou que pudesse ter havido algum tipo de mal-entendido. Depois de mais de uma hora de espera, voltou ao navio. Quando chegou a noite, tentou adormecer, mas, angustiado com a falta de informações e com o clima estranho que captava no ar, não conseguiu. Decidiu voltar às ruas por volta das cinco da manhã, para caminhar e tomar ar fresco.

Foi justamente durante a sua ausência que os soldados do rei sardo invadiram o navio, informados de que havia conspiradores a bordo. Mutru foi preso, pois os delatores haviam dado nomes aos bois. Garibaldi estava voltando para o navio quando soube, por um homem que encontrou na rua, que havia uma grande movimentação da guarda real no cais. Graças a essa informação, conseguiu escapar. Era o dia 5 de fevereiro de 1834, data que mais tarde ele definiria como "marco inicial de sua vida pública".

Desesperado com a perspectiva de prisão – o que poderia levá-lo a ser executado –, Garibaldi buscou refúgio na casa de uma vendedora ambulante de frutas, Teresina Pozzo, que ouviu sua história e decidiu acolhê-lo por uma noite, escondido nos fundos da loja. Dali ele saiu, no dia seguinte, disfarçado com trajes de camponês emprestados do marido de Teresina – e carregando uma provisão de pães e queijos gentilmente providenciados pela anfitriã.[1] Ao passar pela praça, a encontrou ocupada militarmente. Seguiu discretamente, como se nada tivesse a ver com tudo aquilo.

Garibaldi conseguiu escapar também por ter sido beneficiado por uma trapalhada de seus perseguidores: durante as buscas pelos conspiradores, prenderam em seu lugar outro homem, com sobrenome parecido – André Giribaldi. O rapaz, um simples camponês, passou por maus bocados até provar que era a pessoa errada. Tudo isso o levaria a pedir, mais tarde, uma indenização ao governador, pleito concedido pela Justiça.

Enquanto isso, Garibaldi iniciava uma longa e penosa caminhada rumo a Nizza. Percorreu caminhos alternativos, em meio aos campos e atravessando propriedades rurais. Descansava durante a maior parte do dia e avançava à noite, para reduzir o risco de ser descoberto. Orientava-se pelas estrelas, com base nos conhecimentos que adquirira como marinheiro. Depois que se acabaram os pães e queijos dados por Teresina, ele pedia alimentos aos camponeses que encontrava pelo caminho. Sabia que as pessoas simples não se preocupariam em saber quem ele era ou em denunciá-lo à polícia.

Dez dias depois, chegou finalmente a Nizza, exausto, sujo e faminto. Evitou ir à casa dos pais, pois considerava perigoso. Procurou a casa de uma tia e enviou um recado à Rosa, que foi ao seu encontro – contra a vontade de Domenico, que estava furioso pelas confusões em que o filho vinha se metendo. Àquela altura já se falava na cidade do envolvimento do rapaz com os movimentos revolucionários. Para um pai que sempre fez questão de ficar longe da política, ver o filho se tornar um conspirador procurado pela polícia era um enorme desgosto.

Numa triste despedida, Giuseppe disse à mãe que tentaria fugir para algum lugar distante e que não sabia quando poderia vê-la outra vez. Com a ajuda de um cônsul amigo da família, conseguiu documentos falsos com o nome Joseph Pane. Assim, teria maiores chances de passar incógnito ao prosseguir sua fuga.

Partiu a pé rumo à fronteira com a França, acompanhado por dois amigos de infância. Os amigos o deixaram à margem do rio Varo, que Garibaldi atravessou a nado. Chegando ao outro lado, em vez de tentar burlar a vigilância, ele decidiu que iria simplesmente explicar-se aos guardas franceses da fronteira, acreditando que eles não dificultariam sua entrada no país – ou que, caso decidissem prendê--lo, a França lhe daria tratamento de refugiado político.

Enquanto os guardas se comunicavam com os superiores para saber como deveriam proceder, Garibaldi foi levado à primeira vila do lado francês, Draguignan. Colocado em uma sala vigiada, passou a se sentir atormentado com a possibilidade de ser enviado de volta à Sardenha. Cada minuto a mais sem uma resposta era interpretado por ele como indício de que sua entrada no país não seria permitida.

Começou a planejar uma fuga – e percebeu que não seria impossível. Permanecia vigiado por dois guardas, mas a janela não tinha grade e estava aberta. A sala ficava no segundo andar, a cerca de quatro metros do chão. Com seu bom preparo físico moldado pelos anos livres da infância e da adolescência, ele acreditava que poderia superar a altura sem ferimentos. No momento em que julgou oportuno, saiu correndo em direção à janela e jogou-se de forma que as mãos se apoiaram até o último momento no parapeito, para que as pernas pudessem suportar melhor o peso do corpo ao final da queda.

Os guardas não tiveram coragem de repetir o salto do prisioneiro. Para persegui-lo, precisaram descer as escadas e dar a volta na construção. Quando chegaram ao local por onde Garibaldi havia escapado, não havia o menor sinal dele por ali. O rapaz conseguira fugir sem ferimentos. Vendo-se livre e já em território francês, tratou simplesmente de correr o mais rápido possível para o lado que pareceu ser o mais propenso a oferecer bons esconderijos.

Garibaldi passou, então, a se dedicar ao objetivo de chegar a Marselha, onde se concentravam muitos exilados italianos – embora Mazzini, sentindo-se perseguido também ali, tivesse deixado a cidade algum tempo antes e se radicado em Genebra. Foi uma nova caminhada longa e penosa, por trilhas desconhecidas e sempre sob a ameaça de ser descoberto pelas autoridades policiais. Sua ingenuidade continuava lhe pregando peças, conforme ele mesmo descreveria:

> Cheguei a uma localidade, cujo nome não sabia nem tratei de indagar, porque tinha outras coisas para fazer. Entrei num albergue. Um homem e uma mulher, ambos moços, se aqueciam perto da mesa onde iam jantar. Pedi-lhes alguma coisa para comer; desde a véspera que não tomava alimento algum. O homem ofereceu-me uma cadeira e convidou-me para comer com ele e a mulher. Aceitei. A refeição estava boa, o vinho agradável, o fogo reconfortante. Senti um destes momentos de bem-estar, como só se experimenta depois que um perigo passa, e se pensa nada mais ter a recear. O anfitrião felicitou-me pelo meu bom apetite e pela minha cara alegre. Disse-lhe que meu apetite nada tinha de extraordinário, pois havia mais de dezoito horas não comia coisa alguma. Quanto à minha cara alegre, a explicação era também simples: em meu país, escapara provavelmente à morte; na França, à prisão. Tendo dito isto, não poderia mais fazer segredo do resto. O homem parecia tão franco, a mulher parecia tão boa, que acabei contando tudo. Então, com grande espanto, vi o rosto dele se fechar e tornar-se sombrio.
> – Que tem o senhor? – perguntei.
> – Depois da confissão que acaba de me fazer – respondeu –, creio, de sã consciência, que sou obrigado a prendê-lo.

Bem que Mazzini havia dito a Garibaldi que ele confiava demais nos outros. Inicialmente, o rapaz levou a afirmação do seu gentil anfitrião na brincadeira. Sorriu e pediu para só ser preso depois da sobremesa. Mas logo percebeu que o homem estava falando sério. Não seria o caso de tentar fugir ou brigar, pois o albergue era um ponto de encontro e havia vários outros homens ali por perto – alguns apenas comendo e bebendo, outros jogando, outros ainda entoando cânticos, já bêbados. Vários eram certamente conhecidos do seu oponente e não hesitariam em vir ao seu socorro em uma eventual briga com um forasteiro desconhecido.

Sentindo-se sem saída, Garibaldi optou por um lance teatral. Levantou-se e começou a entoar uma canção proibida na França, que terminava com o verso "Copo na mão, alegremente eu confio/No Deus das pessoas boas" – e propôs um brinde. Os homens gostaram da ousadia do rapaz e responderam ao brinde, gritando "Viva a França!". Dali em diante, Garibaldi foi acolhido pelo grupo – e o outro desistiu da ideia de prendê-lo ou denunciá-lo.

Quando finalmente chegou a Marselha, depois de três semanas de caminhada, Garibaldi ficou sabendo por um jornal local que havia sido condenado à morte pelo rei da Sardenha, Carlos Alberto, sucessor do primo Carlos Felix, que morrera em 1831. Além de Garibaldi, foram condenados também Mazzini e outros 12 companheiros acusados de conspiração contra a Monarquia. Sentiu uma grande emoção – não propriamente pela condenação, mas por ter visto seu nome publicado em jornal pela primeira vez. Tranquilizou-se ao constatar que seu amigo Mutru havia aparentemente escapado da pena máxima, pois seu nome não constava da relação publicada.

Mazzini sofreu um baque com o fracasso da insurreição em Gênova, mas não desistiu. Exilado na Suíça, fundou a Jovem Europa, com o objetivo de expandir os princípios da Jovem Itália para todo o continente. Mantendo a estratégia de sempre, semeava suas ideias por meio de panfletos e reuniões secretas em pequenos núcleos.

Mas era evidente que o cerco aos revolucionários estava se fechando em toda a Europa. Garibaldi pressentiu que cedo ou tarde seria capturado. Além do mais, com a vida errante que vinha levando, poderia acabar morrendo "por conta própria" – uma epidemia de cólera estava ceifando inúmeras vidas na região de Marselha, por exemplo. Igualmente apavorante era a perspectiva de ter que voltar a trabalhar como marinheiro mercante, depois de ter experimentado o sabor da aventura e da luta por grandes ideais.

Ele ouvira falar de alguns revolucionários italianos que haviam partido para a América do Sul – incluindo Giovanni Cuneo, o responsável por convencê-lo a ingressar na Jovem Itália. Era um continente novo, com praticamente tudo a ser feito e uma natureza que todos diziam ser exuberante, com espécies animais e vegetais desconhecidas na Europa.

"América do Sul" passou a soar aos ouvidos de Garibaldi como o sinônimo perfeito de aventura. Ele entrou em contato com Mazzini, avisando-lhe de seus planos e questionando se, radicado no Novo Mundo, poderia continuar contribuindo de alguma forma para o movimento.

Garibaldi sabia que núcleos da Jovem Itália haviam sido criados nos países com grande presença italiana, a exemplo do Brasil, da Argentina e do Uruguai. Nos lugares distantes da Europa, tornava-se relativamente mais fácil conquistar a simpatia dos compatriotas para a causa, pois os efeitos da repressão do governo eram praticamente nulos.

Mazzini acionou seus contatos no Brasil e pediu para receberem calorosamente seu enviado, Borel – esse era o novo codinome de Garibaldi. Tratou de conseguir um lugar para ele na tripulação da fragata francesa Nautonnier.

Garibaldi partiu no dia 14 de julho de 1834 do porto de Nantes, tendo como destino o Rio de Janeiro. Deixava para trás todas as suas raízes e origens, com o sonho de voltar um dia, em outras condições, para desfrutar de uma Itália livre – ou continuar lutando pela causa.

NOTA

[1] Garibaldi jamais esquecera do ato corajoso e humanitário de Teresina. Em 1880, às vésperas de o episódio completar meio século, ele soube que a família da mulher estava enfrentando dificuldades financeiras e mandou ao marido dela uma carta de recomendação, o que certamente lhe facilitaria a obtenção de um emprego – já que sua assinatura, àquela altura, tinha o poder de abrir portas.

Na América do Sul

Ao se aproximar do Rio de Janeiro, Garibaldi avistou paisagens deslumbrantes como o Pão de Açúcar, o Corcovado e o Maciço da Gávea – recepção que se tornou inesquecível para ele. "Quando vi se elevar por todos os lados esta natureza luxuriante, como não vi na África e na Ásia, eu fiquei verdadeiramente maravilhado com o espetáculo que se desenrolou diante de meus olhos", descreveu. "Paisagem sem rival à face da Terra e em cuja formação parece ter a natureza esgotado toda a sua energia", acrescentou extasiado.

Além do encantamento pelas belezas naturais, a chegada ao Brasil representava para Garibaldi a possibilidade de recomeço. Assim que a Nautonnier atracou no Largo do Paço, ele teve a sensação de estar renascendo.

Havia um grupo à sua espera. A recepção calorosa, com abraços, apertos de mãos e boas-vindas em italiano, deu-lhe a sensação de estar em casa. Fascinado como uma criança diante de um mundo de fantasia, ele saiu a caminhar por entre o burburinho típico de um porto – que, embora fosse semelhante ao de tantos outros lugares que conhecera ao redor do mundo, era também único, pois havia novos sons, odores e cores.

Tão logo chegou à pensão em que ficaria hospedado nos primeiros dias no Brasil, pertencente a um imigrante italiano, Garibaldi conheceu o compatriota Luiggi Rossetti, que se tornaria seu grande amigo e companheiro de muitas lutas. Envolvido com grupos revolucionários na Itália, Rossetti teve que abandonar o curso de Direito em Gênova e escapar para a América do Sul, onde tentava ganhar a vida exercendo todo tipo de atividade, de comerciante a jornalista. "Nossos olhos se encontraram, sorrimos um para o outro e ficamos sendo irmãos para toda a vida, toda a vida inseparáveis", diria Garibaldi sobre esse primeiro encontro.

O Rio de Janeiro havia dado um salto de desenvolvimento desde a chegada da família real, em 1808. Reforçada pela comitiva de D. João VI, composta por cerca de 10 mil pessoas, a população crescera consideravelmente – a cidade tinha, até então, não mais que 50 mil habitantes. Ganhou prédios sofisticados, como a Alfândega, a Casa da Moeda e o Teatro Nacional, além de diversas igrejas e conventos. Ainda assim, continuava caótica, com suas ruas estreitas e gente circulando para todos os lados em meio a animais e vendedores ambulantes dos mais diversos tipos.

O Brasil vivia uma fase política turbulenta, ainda em busca da consolidação da Independência, proclamada 12 anos antes. A influência da revolução liberal de 1830, na França, abalou a popularidade de D. Pedro I, cuja forma autoritária de governar passou a ser inevitavelmente comparada ao absolutismo deposto de Carlos X. Também pesou para o desgaste da imagem de D. Pedro a derrota na Guerra da Cisplatina, travada de 1825 a 1828 entre o Império do Brasil e as Províncias Unidas do Rio da Prata pela posse da Província Cisplatina, atual Uruguai.

Um dos símbolos do estilo que o imperador brasileiro vinha adotando foi o seu antipático e fugaz discurso de encerramento da sessão da Assembleia Na-

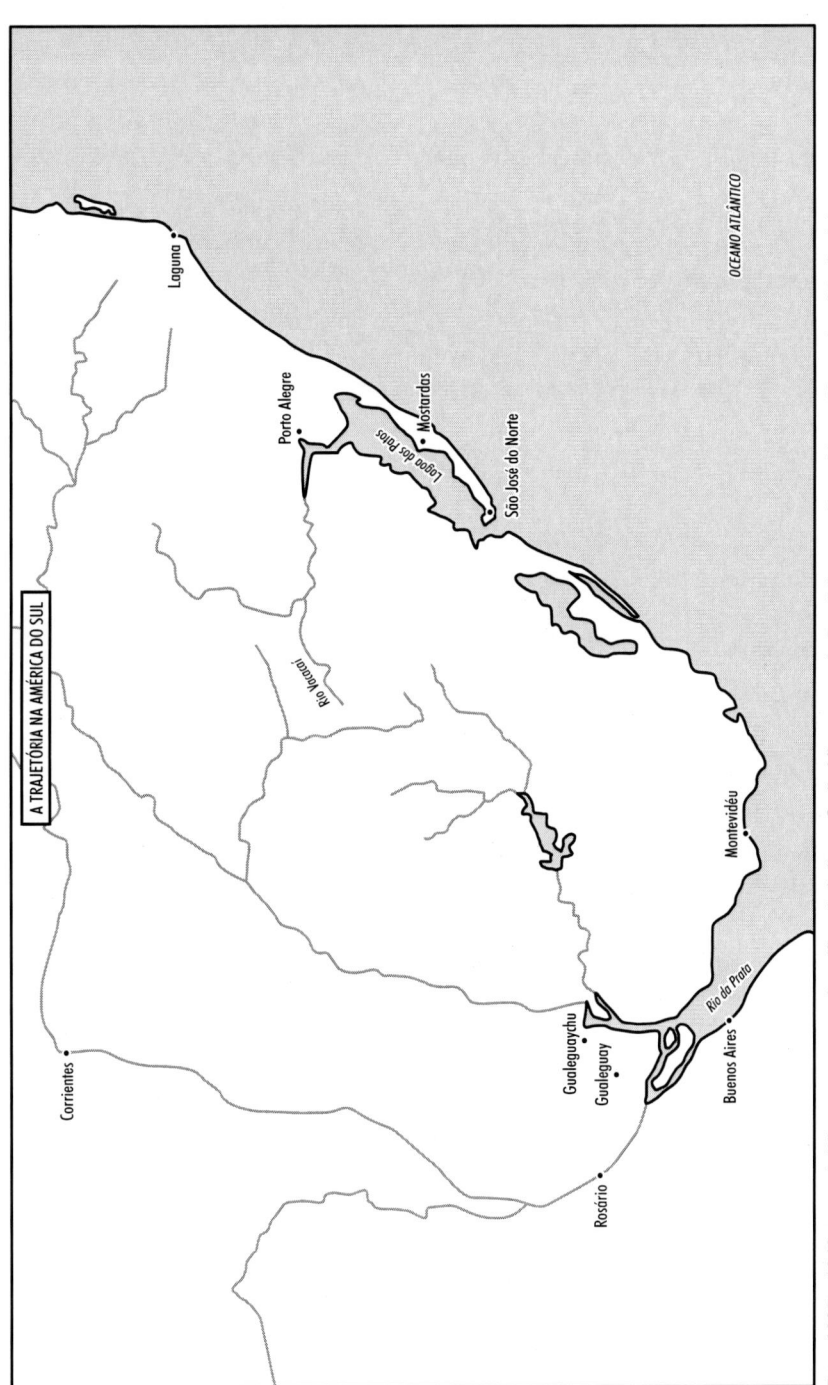

Entre 1835 e 1848, antes de liderar o processo da unificação italiana, Garibaldi passou pelo Brasil (Laguna, Porto Alegre, Mostardas, São José do Norte), Uruguai (Montevidéu) e Argentina (Buenos Aires, Gualeguaychu, Gualeguay, Rosário, Corrientes).

cional, no ano anterior. Em visível desacordo com a recomendável cortesia a ser cultivada na relação com o Legislativo, D. Pedro tomou a palavra para um pronunciamento bem mais curto que o seu próprio nome, que tinha 17 sobrenomes: "Augustos e digníssimos senhores representantes da Nação Brasileira, está encerrada a sessão". Apenas isso. Nenhuma palavra a mais.

O súbito desprestígio de D. Pedro I tornou-se evidente na viagem que realizou, logo a seguir, para a província de Minas Gerais. As diversas cidades receberam a comitiva imperial com desdém e algumas partiram até para a afronta explícita ao acionar os sinos da igreja, como se alguém tivesse morrido – referência nada sutil ao assassinato do jornalista Líbero Badaró, um dos mais ferrenhos críticos do imperador. Muitos acreditavam no envolvimento de D. Pedro no crime, nunca desvendado.

Com o clima desfavorável em Minas, antecipou-se a volta do imperador ao Rio de Janeiro. Uma festa de recepção foi planejada pela colônia portuguesa como pretensa demonstração de apoio popular a D. Pedro, mas acabou se transformando na célebre "Noite das Garrafadas", um grande conflito entre os partidários de D. Pedro e seus oponentes – brasileiros que desejavam a implantação da República.

Não tardou para que os ventos liberais vindos de Paris tratassem de derrubar efetivamente o imperador brasileiro. No dia 7 de abril de 1831, oito meses depois da revolução ocorrida na França, D. Pedro I não suportou as pressões e decidiu abdicar, partindo para o exílio em Portugal. Deixou o governo nas mãos de regentes – já que seu filho, D. Pedro II, era ainda uma criança de 5 anos. O arranjo acalmou os ânimos de quem pregava o fim do poder absoluto do monarca e a adoção imediata do regime republicano no país. Uma das características da fase das regências seria justamente a diluição e a despersonificação do poder.

Garibaldi ia se inteirando aos poucos sobre todas essas turbulências, ao mesmo tempo que era apresentado por Rossetti aos italianos da cidade – tanto os que haviam saído da Europa por vontade própria quanto na condição de refugiados. Não tardou para que reencontrasse Giovanni Cuneo e conhecesse outros compatriotas que, daí em diante, estariam intimamente ligados à sua própria trajetória, a exemplo de Luigi Carniglia e Napoleone Castellini.

Foi graças às colaborações dos italianos locais que Garibaldi conseguiu se manter nos primeiros tempos no Rio de Janeiro. Para ampliar a sua rede de apoio no Brasil, ele ingressou na franco-maçonaria. Reforçou, assim, sua oposição pessoal à Igreja, já que as duas instituições haviam se tornado inimigas.

Enquanto seus próximos passos como revolucionário eram definidos, o que dependeria das orientações enviadas por Mazzini, Garibaldi conseguiu um emprego na marinha mercante. Ficou acertado que seu próximo objetivo seria a compra de uma embarcação – algo que ele só conseguiu realizar depois de quase um ano, com as contribuições da colônia italiana e juntando o dinheiro que economizava do próprio trabalho.

Era uma embarcação antiga, de três mastros, até então usada para transporte de trigo. Garibaldi a batizou de Mazzini e, ajudado pelo amigo de todas horas, Rossetti, pôs-se a reformá-la com os limitados recursos que tinha à disposição. Quando ficou pronta para cruzar os oceanos, Mazzini pediu paciência a Garibaldi, pois considerava que ainda não era o momento oportuno para o retorno. Seria necessário continuar acompanhando cautelosamente os acontecimentos na Europa. Enquanto isso, a embarcação poderia ser usada para juntar mais capital, com a oferta de serviços de transporte de cargas.

Garibaldi não escondia a decepção ao ser incumbido, mais uma vez, de atuar como um simples marinheiro mercante. Isso lhe lembrava a vida sem emoções de seu pai, que ele tanto criticava e que, de certa forma, estava repetindo. O rapaz sentia urgência em agir, queria colocar-se imediatamente em luta por uma causa grandiosa, como ocorrera nos seus últimos tempos na Europa. Já estava quase completando 30 anos e logo não teria o mesmo vigor da juventude. Desabafou sobre tudo isso ao escrever para Cuneo, que se encontrava em Montevidéu:

> De mim, te digo que sou pouco feliz. Estou cansado, por Deus, de arrastar uma existência tão inútil para a nossa terra. Estamos fora da rota. Podes ter a certeza, porém, de que somos destinados a coisas maiores. Pensar que não posso avançar nada pela causa que nos une me tortura. Tenho necessidade de furacões em vez de calmaria.

A REVOLUÇÃO FARROUPILHA

Garibaldi e Rossetti se atualizavam sobre a situação política do Brasil quando iam a um café, chamado La Rade, próximo à pensão em que moravam, no centro do Rio de Janeiro. O café era frequentado por revolucionários brasileiros e italianos. Foi ali que os dois tomaram conhecimento de detalhes da eclosão da Revolução Farroupilha, em setembro de 1835, no Rio Grande do Sul. O movimento ganhou esse nome porque os revoltosos eram tratados como míseros "esfarrapados" pelos mais ricos, detentores do poder.

O Rio Grande do Sul havia se declarado emancipado do restante do Império Brasileiro e dizia estar lutando para concretizar sua independência, mas a ameaça foi encarada a princípio como chantagem, uma moeda de troca para conquistar vantagens. Com o tempo, no entanto, tornou-se a revolta mais intensa e duradoura entre as que eclodiram no período regencial – a única que chegou efetivamente próxima de ameaçar a unidade nacional.

A revolução tinha origens distantes no tempo. Uma antiga insatisfação do Rio Grande do Sul ganhou novo impulso a partir da chegada da família imperial ao Brasil. A província, que já se considerava distante e pouco atendida em seus anseios, sentiu-se a partir dali alijada do processo de desenvolvimento que começava a ser percebido com intensidade no Rio de Janeiro e províncias próximas.

A maior reclamação dos rio-grandenses eram os altos impostos cobrados de seus produtos, como o charque, o couro, o trigo e a erva-mate, sem que houvesse um retorno considerado justo. Essa taxação tornava os produtos do Rio Grande do Sul inviáveis não apenas para as exportações, mas até mesmo para a compra por outras províncias brasileiras, pois os preços oferecidos pela Argentina e o Uruguai acabavam se tornando mais atraentes. Embora a abdicação de D. Pedro I tenha trazido novo ânimo aos rio-grandenses, os primeiros tempos do período de Regência deixaram evidente que quase nada mudaria.

No dia 21 de setembro de 1835, alguns dias depois da proclamação da República Farroupilha, um grupo de 200 farrapos, liderados por Bento Gonçalves, entrou triunfalmente em Porto Alegre, após ter se concentrado na véspera na ponte da Azenha. O movimento recebeu apoio maciço da população. A causa havia se tornado muito popular no Rio Grande do Sul, fato que dificultava ações repressivas por parte do Império.

Na noite de 24 para 25, os revolucionários atacaram o palácio do governo. Após ter sido destituído à força, o presidente da província, Fernandes Braga, escapou a bordo de um veleiro rumo ao porto de Rio Grande, no extremo sul da província, de onde esperava organizar as forças legalistas na retomada da capital.

Em junho de 1836, nove meses depois de ter sido conquistado pelos farrapos, o controle de Porto Alegre foi recuperado pelos legalistas. As tropas da monarquia se aproveitaram de certo descuido na vigilância da barra do Rio Grande e conseguiram passar com o navio São Cristóvão. Com isso, voltaram a dominar a barra, passo essencial para retomar o comando da cidade.

Bento Gonçalves, líder da Revolução Farroupilha: Garibaldi o criticou pela indecisão em momentos cruciais. [*Retrato de Bento Gonçalves da Silva* (século XIX), Guilherme Litran.]

Bento Gonçalves e seus homens escaparam rumo à serra, sendo perseguidos ao longo de todo o caminho. Refugiaram-se na ilha do Fanfa, mas não conseguiram evitar o cerco pelos inimigos. Tentaram escapar atravessando o rio Jacuí em meio à madrugada, mas foram interceptados pelas tropas imperiais. Iniciou-se um combate que durou pouco, pois Bento Gonçalves logo percebeu que estava em grande desvantagem e que seria suicídio seguir adiante.

O líder farrapo negociou sua rendição e foi levado, junto com os demais comandantes do movimento, à prisão na fortaleza de Santa Cruz, no Rio de Janeiro. Após uma tentativa frustrada de fuga, foi transferido para a Bahia. Lá, depois de algumas semanas preso, iludiu os guardas ao pedir autorização para nadar. Com isso, conseguiu alcançar uma embarcação e escapou.

Depois de uma série de aventuras, em que contou com a ajuda da Maçonaria em diversas partes do país, chegou a Piratini, ao sul do Rio Grande do Sul, onde havia sido instalada a capital da República Rio-grandense. A pequena vila havia sido escolhida principalmente por estar em uma região de difícil acesso e bem distante – 350 km – de Porto Alegre, onde se concentrava o poderio militar da província.

Outro dos líderes do movimento, o conde italiano Tito Lívio Zambeccari, militante carbonário radicado em Porto Alegre, foi um dos que permaneceram presos na fortaleza de Santa Cruz. Companheiro do mártir Ciro Menotti numa tentativa de insurreição dos ducados de Parma e de Módena em 1831, reprimida pelas forças austríacas, só não teve o mesmo fim do companheiro – a forca – porque conseguiu escapar a tempo para o Brasil.

Rossetti obteve permissão para visitar Zambeccari na prisão – e levou o amigo Garibaldi. Enquanto o sonho de voltar à Itália não se realizava, os dois sentiram o ímpeto de oferecer seus serviços aos rebeldes do Rio Grande do Sul. Era esse o objetivo da visita. Identificaram-se a Zambeccari como integrantes da Jovem Itália e relataram com detalhes suas experiências na Europa.

Para Garibaldi, o Brasil estava em efervescência política pelas mesmas razões vistas na Europa: o descontentamento com a monarquia e a expectativa de que a República fosse implantada como início de um novo tempo, de maior igualdade e esperança para a população. Isso fazia valer a pena lutar pela causa rio-grandense.

Garibaldi e Rossetti saíram da fortaleza impressionados com o idealismo de Zambeccari e fascinados com as aventuras que ele enfrentara em nome da causa. Os dois jovens amigos se sentiam inspirados pela ideologia defendida por Saint-Simon: lutar contra a opressão em qualquer lugar era, em última instância, o mesmo que lutar contra a opressão na Itália, pois o sentimento de amor à liberdade era o mesmo ao redor do mundo.

Nesse momento, Garibaldi se lembrou do encontro com Barrault, o primeiro a lhe apresentar as ideias de Saint-Simon, quando ainda trabalhava no navio do pai:

> Sob o céu todo constelado de estrelas, sobre o mar onde a brisa acerba parece cheia de aspirações generosas, discutimos não somente as estreitas questões de nacionalidade as quais estava até então circunscrito meu patriotismo – questões restritas à Itália, discussões de província a província –, mas, além disso, a grande questão da humanidade. Primeiro, o apóstolo me provou que o homem que

defende sua pátria ou ataca a pátria dos outros não passa de um soldado pie-
doso na primeira hipótese, injusto na segunda – mas o homem que, fazendo-se
cidadão do mundo, adota a humanidade como pátria e vai oferecer sua espada
e seu sangue a todo povo que luta contra a tirania é mais que um soldado: é
um herói.

VIDA DE CORSÁRIO

Durante o encontro com Zambeccari, ficou acertada a participação
de Garibaldi e Rossetti na Revolução Farroupilha. Com a autorização de
Mazzini, que vinha sendo informado de tudo, a missão de Garibaldi seria
organizar uma esquadra de guerra, ainda que pequena, para retomar a luta
no Sul. A primeira embarcação da esquadra seria a própria Mazzini, rebatizada dali em diante de Farroupilha.

A dupla recebeu da República Rio-grandense uma carta de corso,
autorizando-os a agir como piratas. Tal documento tinha certo valor entre
os marinheiros, pois a resistência costumava ser menor quando os invasores
demonstravam estar a serviço oficial de um governo – ainda que fosse um
governo provisório –, e não agindo somente em benefício próprio. A carta tinha
o seguinte texto:

> O Governo da República Rio-grandense autoriza a zumaca Farroupilha,
> de 120 toneladas, poder cruzar para todos os mares e rios onde trafegam
> barcos de guerra ou o comércio do Governo do Brasil, podendo apropriar-
> -se deles e tomá-los por força de suas armas, os quais serão tidos por boas
> presas como emanadas de autoridade legítima e competente. Da mesma
> forma, ordeno ao capitão Giuseppe Garibaldi, comandante do dito corsário,
> que, em razão de não haver por quanto neste Estado um porto adequado
> para ancorar pode servir-se dos portos de Estados Republicanos [...] vistas
> as relações ofensivas e defensivas que tem contraídas contra o Governo do
> Rio de Janeiro.

O lanchão Farroupilha saiu do Rio de Janeiro "disfarçado" de embarcação
comercial, atividade que de fato vinha exercendo. Em alto-mar, transformou-se
em navio pirata. Garibaldi hasteou a bandeira da República de Piratini, dividida
diagonalmente nas cores verde, vermelha e amarela, enquanto armas e munição
eram retiradas dos lugares em que estavam escondidas em meio à carga de
farinha e carne.

Garibaldi, Rossetti, Mutru e os demais nove tripulantes estavam prontos para realizar saques e pilhagens em nome da causa. Consideravam que o caminho mais rápido para juntar capital seria obter mercadorias que poderiam ser vendidas sem dificuldades.

Ainda não muito longe do Rio de Janeiro, o Farroupilha cruzou com um navio, o Luiza, que conduzia 3.800 arrobas de carga, a maior parte café. A carga era propriedade de uma austríaca, Felisbela Stockmeyer, que alugara a embarcação para transportá-la. Os tripulantes, entre eles seis escravos, não impuseram resistência à tomada da embarcação pelos corsários.

Garibaldi tratou de declarar liberdade aos escravos, seguindo os princípios republicanos, mas todos fizeram questão de seguir com os revolucionários na condição de marinheiros livres. Os demais tripulantes, incluindo o capitão Guilherme Grann, foram libertados em segurança seis dias depois, quando o barco já se encontrava na costa de Santa Catarina. Garibaldi determinou a aproximação à terra para soltá-los. Certo de que seria morto, Grann chegara a oferecer uma caixa de diamantes a Garibaldi para que sua vida fosse poupada, mas o italiano recusou a oferta e o tranquilizou sobre o seu destino.

Havia duas boas justificativas morais para agir como pirata contra o Luiza, considerava Garibaldi. A primeira era genérica e se aplicaria a qualquer outro caso: o Rio Grande do Sul havia declarado guerra ao restante do Brasil, e pilhagens em situação de guerra são normais. A segunda era específica: a embarcação pertencia a uma austríaca, súdita dos Habsburgos, justamente os maiores inimigos do projeto de unificação italiana. "O navio era para mim, por todos os motivos, uma excelente presa", resumiu.

Considerando temerário dividir a tripulação, pois não contava com um número suficiente de homens de confiança para seguir com as duas embarcações, Garibaldi decidiu afundar o Farroupilha e ficar apenas com o Luiza, que tinha o dobro do tamanho. Seguiu então rumo ao sul, com a embarcação rebatizada de Farroupilha e a flâmula rio-grandense hasteada.

O plano era achar um lugar para vender a carga de café e arrecadar um bom dinheiro. Mas Garibaldi não tinha a menor ideia de onde poderia atracar. Com todos os portos do Rio Grande do Sul sob domínio dos legalistas, sua decisão foi levar o Farroupilha até o Uruguai. Ao menos havia uma boa quantidade de compatriotas por lá – dos 30 mil habitantes de Montevidéu, cerca de 4 mil eram italianos. Com a grande experiência acumulada como marinheiros, os italianos haviam se integrado aos poucos nos serviços de cabotagem no rio da Prata até se tornarem predominantes na navegação interna por essa via, transportando produtos como café, açúcar e charque.

O navio chegou ao porto de Maldonado, em Montevidéu, sem a bandeira corsária – ou seja, "disfarçado" de Luiza. O problema é que as notícias sobre Garibaldi já haviam chegado ao Uruguai. Um periódico local, o *Jornal del Commercio*, descrevera em detalhes como se dera a abordagem e o roubo da embarcação, reproduzindo informações de jornais brasileiros. Quando o Luiza atracou, todos conheciam a sua verdadeira história. Muita gente foi ao porto ver de perto os revolucionários, como se fossem uma nova atração turística.

Os uruguaios, em geral, simpatizavam com a causa rio-grandense, pois consideravam que havia uma grande comunhão de ideais com os vizinhos. Nem é preciso dizer que os gaúchos, por sua vez, sentiam-se mais próximos dos uruguaios do que da maior parte dos brasileiros – não só pelo fato de o pequeno país já viver sob uma república, mas também por uma série de outros fatores, como proximidade geográfica, hábitos, tradições, culinária e clima.

Apesar da recepção popular calorosa, Garibaldi enfrentaria grande resistência no Uruguai. O presidente, Manuel Oribe, em início de mandato, não escondia ser pessoalmente simpático à causa dos farrapos – chegara a se reunir com os revolucionários para traçar objetivos de interesse comum –, mas não viu alternativa a não ser determinar a apreensão do Farroupilha e de sua carga. Pesou a pressão do governo brasileiro.

Por ordem de Oribe, um navio de guerra estava sendo preparado para se posicionar à saída do porto, com o objetivo de evitar a fuga da embarcação brasileira e aprisionar seus tripulantes. A abordagem estava prevista para a madrugada seguinte. Mas Garibaldi foi avisado a tempo pelo governador de Maldonado, simpatizante da causa farroupilha, e se preparou para partir imediatamente.

O único problema é que seu grande companheiro Rossetti não se encontrava a bordo. Com a aparente boa recepção, Garibaldi se sentiu à vontade para autorizar a saída de Rossetti, com a missão de procurar alguns contatos dos farrapos e da Jovem Itália que viviam na cidade.

Garibaldi decidiu que aguardaria o retorno de Rossetti até o último momento – e aproveitou o tempo para resolver outra pendência. Um comerciante de Montevidéu havia levado uma boa quantia de sacas de café, com a promessa de que voltaria em seguida para realizar o pagamento. Mas não o fez, possivelmente com a intenção de se aproveitar da situação complicada em torno dos revolucionários rio-grandenses e obter, assim, um ganho fácil.

Era início da noite quando Garibaldi se armou com duas pistolas e saiu à procura da casa do comerciante, seguindo indicações que foi recolhendo pelo caminho. Quando chegou ao destino, o homem estava sentado em frente à sua casa, tomando um ar. Assim que avistou a aproximação do outro, fez menção de correr para se esconder ou se armar, mas não teve tempo: Garibaldi já havia lhe encostado o revólver no pescoço, exigindo o pagamento imediato da dívida. Sem reduzir a ameaça por um instante sequer, entrou em casa com o homem e saiu de lá com os 2 mil patacões devidos.

Quando voltou ao barco, já eram quase onze da noite. Aproximava-se o momento previsto para a chegada do navio de guerra uruguaio e Rossetti ainda não havia retornado. Garibaldi não teve alternativa a não ser tomar a decisão de partir. Mas deixou um de seus homens ali, para tentar encontrar o amigo e orientá-lo sobre o que estava acontecendo. O Farroupilha partiu em seguida, rumo ao Prata.

No dia seguinte, as notícias sobre o desaparecimento da embarcação comandada pelos revoltosos chegaram ao cônsul brasileiro em Montevidéu, que, enfurecido, cobrou explicações do governo uruguaio e pediu providências à capitania dos portos no sentido de persegui-la e interceptá-la. Se isso não fosse feito, o governo brasileiro ameaçava enviar seus próprios navios de guerra para executar a missão, ainda que isso representasse uma afronta à soberania uruguaia.

Garibaldi partia novamente sem um plano definido, pois persistiam as dificuldades para encontrar um porto em que o Farroupilha pudesse atracar livremente. Além de ter que enfrentar uma região desconhecida em meio à completa escuridão da madrugada, havia naquela fuga uma dificuldade adicional e inesperada, que só seria percebida tarde demais: a bússola não estava mostrando corretamente a direção. O defeito era resultado da inexperiência de um dos marinheiros, que deixara várias armas de aço nas proximidades do equipamento, alterando o seu funcionamento.

Por pouco o barco não foi de encontro a rochedos numa região conhecida como Punta Piedra Negra, célebre por ser traiçoeira para os navegantes e pela presença de terríveis habitantes do mar, como relatou Garibaldi:

> Perigo imenso, inevitável. Nosso pobre navio era sacudido a todo instante pelas vagas que varriam o convés com a mesma violência com que se desmanchavam contra os rochedos. Foi um espetáculo inteiramente novo para mim ver os tubarões que rodeavam o barco e pareciam crianças soltas num campo em flor. Os dorsos negros, como as pontas dos rochedos, a atitude ameaçadora, embora pitoresca, nos davam calafrios.

Quando amanheceu e a tormenta havia passado, era possível avistar terra ao longe. Tratava-se de um cenário novo para Garibaldi, que se acostumara, na Itália, a ver praticamente toda área litorânea ocupada por construções. Ali, diante das chamadas planícies orientais, às margens do rio Uruguai, tudo o que havia era vastidão e natureza em estado bruto.

A não ser, como um dos homens reparou, pela existência de um ponto branco muito distante, que se assemelhava a uma construção, talvez uma casa. Com a fome castigando a todos – a partida apressada de Montevidéu não lhes dera a oportunidade de carregar o barco com mantimentos –, Garibaldi decidiu que iria até lá. O barco se aproximou o máximo que pôde e os homens improvisaram uma jangada, construída com uma mesa e dois barris, já que o bote do navio havia ficado no litoral de Santa Catarina, na operação em que foram liberados os tripulantes do Luiza.

Um marinheiro chamado Maurizio foi o único acompanhante de Garibaldi na travessia, que se estendeu por mais de uma hora em face da precariedade da embarcação. Quando finalmente conseguiram chegar à construção avistada, encontraram uma jovem mulher, uruguaia de Montevidéu, que vivia ali com o marido. Embora o homem não estivesse presente no momento do desembarque dos dois forasteiros, ela, compadecida com a situação que relataram, permitiu que ficassem e ofereceu-lhes comida e água.

Enquanto esperavam a volta do marido, começaram a conversar animadamente com a mulher, que demonstrava surpreendente erudição. Recitou de memória versos de Dante e até falou um pouco de italiano. Por fim, sentiu-se à vontade para apresentar poemas de sua própria autoria.

Enquanto ouvia as rimas daquela mulher, Garibaldi se esqueceu de todos os seus problemas e pensava apenas em como era surpreendente a vida e maravilhosa a capacidade do ser humano. Quem poderia imaginar que houvesse ali, naquela casa perdida no meio do nada, uma poetisa que criava seus próprios versos e conhecia tão profundamente a obra de Dante?

Quando o marido chegou e ouviu a história dos dois homens, mostrou-se receptivo e disposto a ajudá-los. Negociou a venda, a preço camarada, de um boi, que foi carneado ali mesmo e teve as diversas partes amarradas à improvisada embarcação, para serem levadas à tripulação faminta. Garibaldi e Maurizio obtiveram também material para reparos que se faziam necessários no Farroupilha. Já era tarde quando toda essa tarefa foi concluída, de tal forma que os dois passaram a noite em terra – Garibaldi na casa e Maurizio na jangada, pois não havia lugar para os dois.

Na manhã seguinte, logo cedo, iniciaram a odisseia de retorno ao Farroupilha. Em comparação à ida, havia, como dificuldades adicionais, o peso das carnes que estavam sendo transportadas e a necessidade de superar as fortes ondas que quebravam violentamente na praia. Tudo isso usando como único elemento propulsor: duas longas varas que faziam as vezes de remos.

Foram horas de luta, acompanhadas de longe pelos homens que haviam ficado no Farroupilha e, famintos, torciam fervorosamente pelo sucesso da missão. Quando Garibaldi e Maurizio conseguiram retornar a bordo, com a carga a salvo, foram recebidos com vivas. Todos puderam se alimentar fartamente.

Mas a calmaria não durou muito tempo. No dia seguinte, com os consertos já realizados e a tripulação alimentada e descansada, Garibaldi determinou a continuação da viagem rumo a um novo destino sugerido por um dos marinheiros: a Punta Jesús y María, onde supostamente conseguiriam atracar, sem serem importunados, para buscar mantimentos na região.

Pouco depois do desembarque, no entanto, Garibaldi avistou a aproximação de duas embarcações da marinha uruguaia, María e Loba. Por mais que o Brasil estivesse fazendo pressão por sua captura, ele não imaginava que o governo uruguaio investiria tanto na perseguição. Seus homens retornaram rapidamente para dentro do Farroupilha. Quando os barcos inimigos chegaram bem próximos, o comandante de um deles intimou a rendição de Garibaldi – que, em resposta, mandou abrir fogo. Os marinheiros uruguaios devolveram com uma saraivada de tiros, que acertou fatalmente o marinheiro Florentino, que estava ao leme, tentando realizar uma manobra de fuga.

Ao assumir o comando da embarcação, Garibaldi foi também atingido por um tiro – no pescoço, um pouco abaixo da orelha. Caiu e, antes de perder os sentidos, pensou por breves instantes que tudo estava perdido e que sua vida de aventuras chegava ao fim naquele momento, ainda com tanto a fazer. Numa fração de segundo, lamentou-se por não ter realizado o sonho de ter filhos e sofreu ao imaginar a notícia de sua morte chegando aos ouvidos da mãe.

Luigi Carniglia, que Garibaldi conhecera logo nos primeiros dias no Rio de Janeiro, assumiu o leme e conseguiu posicionar o barco para a fuga. Enquanto isso, seus companheiros, que eram menos da metade dos inimigos, continuavam repelindo bravamente a invasão. A essa altura, tanto o María quanto o Loba haviam encostado no Farroupilha e o combate havia se tornado corpo a corpo. Homens de ambos os lados eram jogados ao mar, outros caíam feridos ou mortos.

Quando Garibaldi acordou, em meio ao silêncio, teve certeza de que havia morrido e estava despertando "do outro lado". Bastou virar a cabeça, no entanto, para topar com Carniglia, que o observava com expressão alegre. O companheiro contou como seus homens tinham conseguido resistir bravamente à tomada do Farroupilha e escapado dos inimigos.

Apesar da alegria por perceber-se vivo, Garibaldi não estava convicto de que conseguiria chegar ao final do dia nessas mesmas condições. Afinal, carregava uma bala cravada no pescoço. Um tanto delirante pela febre, ele ouviu o som de algo caindo na água – era o corpo de um dos seus homens sendo jogado ao mar. Imaginou que logo poderia ser a vez dele.

Sem saber que rumo tomar, seus homens apresentaram um mapa a Garibaldi – que apontou, sem convicção, o porto argentino de Santa Fé. Seguiram-se oito dias de agonia, em que Garibaldi lutou contra a morte, assistido por companheiros que nada podiam fazer além de cobri-lo com panos frios, para tentar controlar a febre, e dedicar-lhe palavras de consolo e ânimo. Carniglia foi especialmente dedicado e fiel ao longo desse tempo.

Talvez as altas doses de café que Garibaldi recebeu, pois não havia remédios à disposição, o tenham ajudado a resistir. Mas a situação estava crítica. A febre não cedia e ele não conseguia comer. A bala lesionara a faringe e toda a região estava inchada. A vida de Garibaldi encontrava-se por um fio.

Na altura da cidade de Gualeguay, na província argentina de Entre Ríos, o Farroupilha cruzou com a embarcação Pinturesca. Os homens de Garibaldi decidiram que era o momento de apostar tudo e pediram socorro. Apresentaram-se ao capitão Lucas Tantalo e expuseram abertamente a situação. Tantalo, que era influente na região, usou todos os recursos dos quais dispunha para salvar Garibaldi, de quem já conhecia a história. Encaminhou um pedido de ajuda ao governador da província de Entre Ríos, Dom Pascual Echagüe.

O Farroupilha atracou em Gualeguay. Ao receber as recomendações de Tantalo e saber que o homem ferido era o já célebre Garibaldi, Echagüe – que tinha contato com Bento Gonçalves e acompanhava com interesse e simpatia a evolução da Revolução Farroupilha – cedeu seu médico particular para cuidar do visitante ferido. O jovem doutor Ramon del'Arca foi hábil ao extrair a bala e evitar infecções ou outras possíveis sequelas. Garibaldi melhorou gradualmente e, uma semana depois, já havia voltado a se alimentar normalmente.

A MORTE COMO AMEAÇA CONSTANTE

Sobreviver ao tiro aumentou em Garibaldi a sensação de que cada amanhecer poderia ser o último. E não havia dia tranquilo para ele. Assim que as notícias sobre sua presença em território argentino chegaram ao poder central, o governador Echagüe teve que ceder à ordem do ditador Juan Manuel de Rosas para que o revolucionário fosse preso e seu navio confiscado. Nesse intervalo, seus homens tiveram tempo para abandonar o Farroupilha e escapar da prisão.

Echagüe cumpriu apenas em termos a ordem de Rosas. Enquanto ainda se recuperava do ferimento, Garibaldi foi gentilmente hospedado na casa de um amigo do governador, Jacinto Andreu. No período de seis meses em que permaneceu ali, à espera de uma decisão sobre o futuro, tornou-se amigo de todos – embora fosse, oficialmente, um prisioneiro.

Apesar da gentileza com que era tratado, ser privado da liberdade era o que poderia haver de mais penoso para Garibaldi. Na medida em que se tornou outra vez apto a cavalgar, ele recebeu autorização para dar algumas voltas a cavalo. Havia conquistado plenamente a confiança dos homens responsáveis por mantê-lo sob vigilância. Ninguém acreditava que, àquela altura, o revolucionário tentaria escapar.

Com a cumplicidade de amigos que fizera durante o período de prisão, Garibaldi conseguiu um cavalo e partiu no meio da madrugada. Alguns quilômetros adiante, encontrou-se com o guia Juan Pérez, previamente contratado por seus amigos com a missão de conduzi-lo a Montevidéu.

Os dois cavalgaram por cerca de 80 km, até que, já amanhecendo, chegaram a um ponto em que Pérez pediu a Garibaldi que ficasse esperando, enquanto verificaria se o caminho estava livre. Garibaldi aproveitou para descansar, amarrando as rédeas do cavalo em uma acácia florida. Foi despertado não muito tempo depois pelo ruído dos cavalos de seis soldados que chegavam para prendê-lo, empunhando espadas. Não havia chance de fuga.

Pérez havia procurado o chefe da polícia local para dedurá-lo. Castigado com uma surra dada ali mesmo pelos soldados, Garibaldi foi levado de volta a Gualeguay e apresentado ao comandante militar local, Leonardo Millán – que, fazendo jus à fama de autoritário e prepotente, esperava o prisioneiro com um chicote às mãos, pronto para torturá-lo. Pendurado de cabeça para baixo, com os pés e as mãos amarrados, o revolucionário italiano tinha dificuldade para respirar. Mesmo assim, quando o comandante se aproximou, não hesitou em cuspir-lhe no rosto. Muitos anos depois, ele ainda sentia calafrios ao se lembrar dos momentos vividos naquela sala:

> Conduzido à presença de Leonardo Millán, fui intimado por ele a denunciar quem me havia fornecido os meios de efetuar a minha fuga. É escusado dizer que não fiz tal confissão, pois declarei que só eu a tinha arranjado e executado. Então, como me achava imobilizado e Leonardo não tinha coisa alguma a temer, aproximou-se de mim e começou a bater-me nas faces com o chicote. Depois renovou as suas perguntas, não sendo mais feliz que da primeira vez. Mandou-me conduzir à prisão e disse em voz baixa algumas palavras ao ouvido de um dos guardas. Essas palavras eram a ordem de me aplicar a tortura. Chegando à câmara que me estava destinada, os guardas deixaram-me as mãos presas atrás das costas, colocaram-me nos pulsos uma nova corda e passaram a outra extremidade a uma trave, suspendendo-me a quatro ou cinco pés do chão. Então Leonardo entrou na prisão e perguntou-me de novo se estava resolvido a dizer a verdade. A única vingança que podia tomar era cuspir-lhe no rosto e assim o fiz.

Tomado de raiva, Millán só não mandou executá-lo ali mesmo porque sabia que tal ato lhe traria problemas. Mas determinou que, como castigo, Garibaldi ficasse mais duas horas naquela posição desumana. Quando foi finalmente solto, seu corpo tombou ao chão como uma massa inerte. Alguns dias depois, percebendo que não conseguiria arrancar confissão alguma daquele homem e temendo que ele viesse a morrer sob sua responsabilidade, Millán reduziu os maus-tratos.

Apesar das negativas de Garibaldi, as autoridades policiais não tiveram dificuldade para descobrir que ele havia sido ajudado por Jacinto Andreu, seu anfitrião. Para comprometer a honradez de Garibaldi, divulgaram a versão de que havia sido ele o delator de Andreu – que passou a responder a um processo, sem maiores consequências.

Depois de mais dois meses preso, Garibaldi foi liberado a mando de Rosas, sem entender exatamente o porquê. Orientado a deixar imediatamente a Argentina, seguiu para Buenos Aires e fez a travessia para Montevidéu. Entrou no Uruguai em sigilo, pois ainda estava sendo procurado pela polícia local por conta das consequências do combate da Punta Jesús y Maria.

Na capital uruguaia, hospedou-se na casa de um italiano e reviu Rossetti, de quem não tinha notícias desde o desencontro no porto de Maldonado, quase um ano antes. Rossetti contou que, ao chegar em Montevidéu naquela ocasião, foi perseguido pela polícia local e precisou se esconder por algumas semanas na casa de um amigo. Só alguns dias depois soube da fuga do Farroupilha e da posterior prisão de Garibaldi.

Os dois partiram então para o Rio Grande do Sul, onde pretendiam se juntar novamente aos farrapos. Foi uma longa e penosa viagem a cavalo, mas, nos campos quase infinitos do Rio Grande do Sul, ele se sentia em casa.

A recepção calorosa dos companheiros reforçou em Garibaldi a convicção de que todos os sacrifícios valiam a pena pela causa. Ele foi descobrindo muitas afinidades com o jeito de ser dos gaúchos. Aderiu, por exemplo, às vestimentas típicas, cuja marca registrada é a bombacha – uma calça larga, em que cada perna tem a mesma largura da cintura. Adotou também os hábitos alimentares, como o mate e os churrascos.

Para Garibaldi, o exemplo mais formidável de gaúcho era o líder dos farrapos, Bento Gonçalves, de quem não escondia ser admirador. "Quando o conheci, parecia atingir os seus 60 anos. Alto, esbelto, cavalgava com uma graça e facilidade admiráveis. Montado, dir-se-ia ter 25 anos apenas", descreveu.

Uma vez reintegrados à Revolução, Garibaldi e Rossetti seguiram para a capital da República Farroupilha, Piratini. O lugarejo mereceu uma descrição apaixonada e um tanto exagerada de Garibaldi, que o classificou como "um dos mais belos lugares do mundo". Como supostas evidências disso, ele mencionou o clima montanhoso – que fazia lembrar a sua cidade natal, Nizza –, a farta produção de frutas como laranja, banana, pêssego e ameixa, e os pinheiros gigantescos, "cujos troncos nem cinco homens seriam capazes de abraçar".

De volta ao convívio com os rebeldes do Rio Grande do Sul, Garibaldi recebeu uma missão que lhe soou inusitada: criar um estaleiro e coordenar a produção de embarcações para a esquadra farroupilha. A ideia era aproveitar a estrutura de uma fábrica de armas e munições na localidade de Arroio Grande, nas proximidades de Camaquã, instalada nas amplas terras de propriedade da irmã de Bento Gonçalves, dona Antônia.

Os rebeldes consideravam que o domínio da Lagoa dos Patos e do litoral gaúcho seria fundamental para o sucesso da revolução. Para que isso ocorresse, seria preciso construir o maior número possível de embarcações, apesar dos recursos limitados.

Quando chegou ao local para dar início à missão, Garibaldi foi hospedado por outra irmã de Bento Gonçalves, dona Ana, que o acolheu como se fosse integrante da família. Nos momentos das refeições, todos os moradores da casa, e mais os empregados, reuniam-se em torno da mesa e conversavam animadamente sobre diversos assuntos. Desde que ele saíra da casa materna não havia revivido sensação semelhante de pertencimento.

Com a contratação no Uruguai de alguns marceneiros e outros trabalhadores especializados em construções náuticas, e graças à abundância de madeira encontrada na região, duas embarcações de guerra começaram a ser construídas simultaneamente. Dois meses depois, estavam prontas. Não impressionavam pelo tamanho − o lanchão Seival tinha 12 metros de comprimento e o Farroupilha, 16 metros −, mas cada uma recebeu quatro canhões de bronze, armamento que poderia fazer um bom estrago nos inimigos.

O período de relativa calmaria propiciou até o florescimento de uma paixão no coração endurecido, mas sempre romântico, de Garibaldi. Ele se encantou por Manuela, uma das sobrinhas de Bento Gonçalves. Foi uma paixão tão fulminante que logo ele estava planejando se casar com a bela moça − que, nos rápidos encontros entre os dois, sempre rodeados por outras pessoas, dava indícios de que também estava interessada.

O problema é que, embora admirasse o revolucionário italiano, a família da moça o considerava aventureiro demais para se tornar um bom marido e pai de família. Imaginavam que ele não teria condições de dar uma boa vida a Manuela. Para não criar uma situação constrangedora, no entanto, combinaram de inventar uma mentira: a de que a moça já estava prometida a um primo, Joaquim, filho de Bento Gonçalves.

Garibaldi entendeu a situação e desistiu de se unir a Manuela, mas jamais deixaria de se lembrar dela com carinho:

> Manuela dominava absolutamente a minha alma. Sem esperança de poder possuí-la, pois estava noiva de um filho do presidente, ainda assim não podia deixar de amá-la. Nesta angélica criatura, adorava a beleza ideal e meu amor não tinha nada de profano. Quando, de um combate em que achavam que eu tinha morrido, soube que para esta angélica criatura eu não era indiferente, isto bastou para me consolar da impossibilidade de possuí-la.

Ironicamente, Manuela jamais se casaria. Morreu solteira, aos 84 anos, na cidade de Pelotas, onde passou a maior parte da vida. Mesmo idosa ainda era conhecida como "a noiva de Garibaldi". Ele havia sido o único homem que verdadeiramente despertou seu interesse e de quem jamais conseguiu esquecer. Por pressão da família, contudo, teve que se tornar cúmplice de uma mentira.

Enquanto se recuperava da desilusão amorosa, ele seguia à frente dos trabalhos no estaleiro, onde dois outros barcos começaram a ser construídos. Era preciso, também, testar o Farroupilha e o Seival, que saíram a explorar a Lagoa dos Patos. O plano era utilizar as embarcações para conquistar o monopólio do tráfego entre a cidade de Rio Grande, quase na divisa com o Uruguai, e Porto Alegre.

Não tardou, no entanto, para que os testes ganhassem contornos de realidade. Um barco com a bandeira do Império, o Mineira, cruzou o caminho dos farrapos e foi tomado pelos revolucionários. Os dez homens da tripulação real evitaram o combate e, capturados, foram encaminhados à prisão republicana em Mostardas.

Não muito tempo depois, os dois barcos enfrentariam uma esquadrilha imperial, liderada pelo Águia, um barco a vapor bem armado, no qual viajava ninguém menos que o ministro de Guerra, Sebastião do Rego Barros. Depois dos primeiros disparos, o Águia mudou de direção e desistiu do combate – decisão tomada possivelmente para evitar qualquer risco à vida da autoridade a bordo.

Um ataque do Império ao estaleiro seria só uma questão de tempo. Garibaldi recebeu a informação de que havia uma movimentação em terra, a algumas dezenas de quilômetros dali, liderada por Francisco Pedro de Abreu, o Moringue, reconhecido como um estrategista astuto, especialista no planejamento e execução de ataques-surpresa. Moringue estava acompanhado por 70 cavaleiros e 80 praças de infantaria – 150 homens no total. Assim Garibaldi descreveu a expectativa pela chegada do inimigo:

> Os homens comandados pelo coronel Moringue eram mercenários alemães ou austríacos, aos quais eu ainda não estava enfastiado de fazer pagar a dívida que todo bom italiano tem contraído com os seus irmãos da Europa. Éramos 60 ao todo, porém, eu conhecia bem esses 60 homens e com eles era capaz de fazer frente não só a 150 austríacos, mas a 300. Tratei de destacar espiões para todos os lados e fiquei com uns 50 homens junto a mim.

Os enviados de Garibaldi foram retornando, um a um, com o relato de não terem percebido qualquer movimentação suspeita. Havia um forte nevoeiro, circunstância que supostamente deveria desestimular um ataque, já que os republicanos conheciam melhor o terreno.

Garibaldi confiava, também, em um sinal que considerava quase infalível: seus cavalos estavam tranquilos. Ele sempre ouvira dizer, e já comprovara algumas vezes, que os animais tinham a capacidade de pressentir a aproximação de outros cavalos. Assim, se um ataque surpresa estivesse prestes a acontecer, eles se mostrariam inquietos.

Considerando-se seguro pela soma de indícios, Garibaldi liberou os homens depois do almoço para cuidarem de suas tarefas rotineiras. Afinal, não poderiam interromper todas as atividades à espera de um ataque. Alguns seguiram para o trabalho nas embarcações em construção, outros se dedicaram à pesca, outros foram buscar madeira. Ao lado da choupana que guardava os armamentos, incluídas 60 carabinas carregadas, ficaram apenas Garibaldi e o cozinheiro – que havia montado ali, ao ar livre, a sua cozinha.

Garibaldi estava saboreando um mate quando percebeu o nevoeiro sendo cortado pelas silhuetas de cavalos que se aproximavam em rápido galope. Cada animal trazia dois cavaleiros, e havia também alguns homens que corriam agarrados às crinas, como passageiros adicionais.

Ao dar um salto ágil para dentro do galpão, Garibaldi logo estava descarregando simultaneamente duas armas contra os invasores. Seu único acompanhante, o cozinheiro, embora fosse péssimo de pontaria, também se armou de uma carabina e ao menos ajudou a fazer barulho. Um inimigo tombou com os primeiros tiros da defesa, fato que assustou os demais e conteve o ímpeto do ataque. Moringue, que desse dia em diante seria jocosamente chamado por Garibaldi de "coronel Fuinha", decidiu-se por um recuo estratégico, para entrincheiramento, enquanto tentava compreender melhor o que estava se passando.

Garibaldi continuou disparando, enquanto alguns de seus homens – os que estavam por perto – chegavam para se unir à defesa. O primeiro foi Luigi Carniglia, seguido de Edoardo Mutru e outros. "Eu quisera, em lugar de escrever no papel, gravar no bronze os nomes desses valentes companheiros, que em número de treze se me reuniram, combatendo durante cinco horas contra 50 inimigos", registrou Garibaldi. Outros até chegaram a ouvir a troca de tiros, mas àquela altura havia se tornado impossível chegar ao galpão.

Os conflitos armados da época não se caracterizavam por uma troca intensa e ininterrupta de disparos, pois havia limitações de munição. Depois dos primeiros momentos de um confronto, com as posições já ocupadas, cada tiro precisava ser dado apenas quando houvesse a perspectiva real de que viesse a atingir um inimigo ou contribuir de alguma forma para a conquista de território – quase como se fosse um jogo de xadrez. Era comum que um soldado passasse um bom tempo observando o comportamento de um adversário específico, para tentar surpreendê-lo com um disparo certeiro.

Os líderes precisavam redobrar a atenção nas trocas de tiros – pois eram alvos naturalmente mais cobiçados. Quando Procópio, um dos homens de Garibaldi, conseguiu atingir o braço de Moringue, o combate começou a ser definido. O chefe das tropas imperiais precisou deixar o campo de batalha e isso abalou a confiança dos seus liderados. Não muito tempo depois, preocupado pela redução do estoque de munição, seu substituto decidiu-se pela retirada. Os republicanos chegaram a ensaiar uma perseguição, mas o risco de um confronto em campo aberto não valia a pena – apenas causaria mais baixas de ambos os lados.

Os homens de Moringue conseguiram chegar às embarcações que os conduziriam a Porto Alegre, deixando para trás 15 mortos e carregando pelo menos 20 feridos. Do lado dos republicanos, muito menos a lamentar: três mortos e cinco feridos. Mas Garibaldi não celebrava a desgraça alheia e levava em conta apenas as próprias perdas e dificuldades:

> Custou-me, pois, oito homens esta refrega, que foi uma das mais sérias em que me tenho achado. Estes combates eram tanto mais funestos para nós, que não tínhamos nem médico nem cirurgião. As feridas ligeiras eram tratadas com água fresca, renovando-se esse medicamento o maior número de vezes possível.

A CONQUISTA DE LAGUNA

Depois da vitória contra Moringue e dos sucessos obtidos nos combates na Lagoa dos Patos, os líderes da revolução consideraram que, passados quase três anos da fundação da República Rio-grandense, havia chegado o momento de avançar territorialmente. Expandir o movimento além dos limites do Rio Grande do Sul era fundamental para demonstrar força ao poder central e às demais províncias, na tentativa de convencê-las a também se rebelar contra o Império.

Movimentos nesse sentido já tinham aflorado em várias províncias, a exemplo da Cabanada, ocorrida no Pará, Pernambuco e Alagoas entre 1832 e 1835, e da Sabinada, entre 1837 e 1838 na Bahia. Alguns remanescentes dessas revoltas, duramente combatidas e sufocadas pelo poder central, haviam aderido à causa dos farroupilhas e se juntado a eles no Rio Grande do Sul.

O caminho para a expansão da Revolução Farroupilha não poderia ser outro a não ser conquistar Santa Catarina, a única província brasileira a fazer divisa com o Rio Grande do Sul. Para que o plano pudesse ser realizado, os farrapos apostavam em dois pontos de apoio dentro do território catarinense: Lages, na região serrana, e Laguna, no litoral. Se ambas as vilas fossem conquistadas, aumentaria consideravelmente a possibilidade de chegar com sucesso à capital de Santa Catarina, Desterro.[1]

Tanto Lages quanto Laguna abrigavam grande quantidade de gaúchos e mostravam-se, de forma geral, simpáticas à causa republicana. Isolada no alto da serra e repleta de afinidades com os costumes do Rio Grande do Sul, Lages parecia estar mais suscetível à conquista. De fato, bastou alguma confabulação para que a vila se declarasse rendida às tropas lideradas pelo major José Mariano de Matos e se unisse à federação proposta pela República de Piratini em março de 1838. Ficou acertado que, assim que a província de Santa Catarina aderisse à causa, Lages voltaria a ser catarinense, pois a ideia era estabelecer uma república independente, com governo separado da República Rio-grandense.

Já a invasão de Laguna seria certamente mais complicada, pois a exposição da vila às forças de repressão era bem maior, pela condição de cidade litorânea e ancoradouro natural, com águas quase sempre tranquilas. Além do mais, estava no caminho mais direto e óbvio para Desterro.

O povoado, cujo nome original era Santo Antônio dos Anjos da Laguna, foi elevado à condição de vila em 1714, quando nele moravam apenas 30 famílias. Desenvolveu-se a partir daí como um típico núcleo urbano colonial português. Em meados daquele mesmo século, começaram a chegar os imigrantes açorianos, que deram novo impulso à principal atividade econômica do lugar, a pesca.

Para a conquista de Laguna, que contava então com cerca de 4 mil habitantes, o general gaúcho Davi Canabarro ficou responsável por liderar as tropas terrestres. Veterano da Guerra da Cisplatina, onde foi comandado por Bento Gonçalves e ganhou a confiança do líder dos farrapos, ele estava com 45 anos, mas carregava ainda na plenitude dois atributos dos tempos da juventude: a boa condição física e o gênio explosivo.

Garibaldi ficou incumbido de comandar a invasão por água. Inicialmente, ele não tinha ideia de como faria para sair da Lagoa dos Patos rumo ao litoral catarinense, já que a embocadura da lagoa certamente estava sendo bem guardada por forças imperiais. Foi quando lhe veio em mente uma estratégia que inicialmente pareceu absurda, mas que ganhou força por representar, na realidade, a única chance de sucesso: levar dois barcos por terra até o rio Capivari, de onde poderiam chegar à barra do rio Tramandaí, despistando os inimigos, e dali finalmente ao mar.

Para vencer cerca de 80 quilômetros em terreno irregular, Garibaldi encomendou aos seus marceneiros a produção de 12 grandes rodas, revestidas de couro cru. Nada menos que 200 bois foram trazidos para puxar as embarcações, cada uma delas com peso entre 25 e 30 toneladas. Para não despertar a atenção, os animais chegaram em pequenos grupos ao estaleiro, enquanto os demais preparativos eram providenciados. Ao mesmo tempo que esse trabalho evoluía, os dois outros barcos dos farrapos continuavam circulando pela Lagoa dos Patos, atraindo a atenção dos inimigos.

Transportar as duas embarcações por terra foi, como se pode imaginar, uma missão épica. Para deixar tudo ainda mais complexo, transcorria o mês de julho, auge do rigoroso inverno de 1839, chuvoso e com ventos fortes na maior parte do tempo. E o caminho não era dos mais fáceis. Incluía campos úmidos, com trechos submersos, e regiões com mata fechada, que precisava ser abatida para possibilitar a passagem dos lanchões.

Foram necessários oito dias de trabalho ininterrupto para chegar à barra do Tramandaí, além de três dias adicionais para reparar os danos que o transporte causara às embarcações. Depois disso, conforme planejado, os barcos se lançaram ao mar sem serem notados pelos inimigos, carregando uma tripulação total de 70 homens. Enquanto Garibaldi assumia o comando do Farroupilha, o Seival foi entregue ao norte-americano John Griggs, um homem alto e corpulento, mercenário contratado pelos revolucionários rio-grandenses, apelidado no Brasil de João Grandão.

Além da ameaça constante dos inimigos, era preciso lutar contra as poderosas forças da natureza. Quando já se encontrava na costa de Santa Catarina, à altura de Jaguaruna, o Farroupilha foi atingido por uma grande onda produzida em meio a um ciclone, fenômeno comum nas águas do Atlântico naquela região. A embarcação virou e foi a pique. Garibaldi entrou em pânico – não por temer pela própria vida, pois ele era um exímio nadador, mas por saber da dificuldade que alguns de seus mais fiéis companheiros teriam para escapar daquela situação.

Em meio ao turbilhão de água que se seguiu ao tombamento da embarcação, Garibaldi gritou desesperadamente pelos amigos italianos que haviam se tornado verdadeiros irmãos, não só pela origem em comum, mas sobretudo pela comunhão dos ideais. Logo conseguiu avistar Mutru, agarrado a um pedaço de madeira. Deu um jeito de levá-lo até um fragmento maior, a porta do convés. Garibaldi se aproximou também de Carniglia e cortou, com o facão que sempre carregava à cintura, o pesado casaco que atrapalhava os movimentos do companheiro.

Mas todo o esforço foi em vão quando o barco afundou de vez e provocou um grande redemoinho, que engoliu a todos que não sabiam nadar bem. Assim que voltou a tomar ar, Garibaldi percebeu que suas forças estavam se esgotando. Tratou então de se salvar, nadando até a praia. Ao chegar, avistou ao longe um homem que tentava se aproximar da rebentação, mas não conseguia, com sinais claros de exaustão. Jogou-se novamente ao mar para resgatá-lo, aproximando-se o suficiente para perceber que se tratava de Mutru, seu amigo de infância. Não conseguiu salvá-lo, contudo.

De volta à areia, Garibaldi saiu à procura de sobreviventes. Encontrou alguns de seus homens, a maioria deles tão exaustos e entorpecidos pelo frio que mal conseguiam falar ou se mexer. Recomendou a todos que saíssem correndo pela praia para tentar aquecer o corpo, mas o único que o acompanhou naquele momento foi o catalão Manoel Rodriguez. Os dois incentivavam um ao outro ao longo do caminho, para que não desistissem.

Correram mais de cinco quilômetros, até as proximidades do rio Araranguá, onde avistaram um casebre. O homem que morava ali com a mulher e o filho os acolheu, dando-lhes abrigo, roupas secas e comida. Assim que Garibaldi voltou a ter condições de conversar, soube que seu anfitrião, que se chamava Balduíno, era simpatizante da causa republicana. Os dois revolucionários pernoitaram ali e, na manhã seguinte, partiram para o reencontro com os demais náufragos, esperando que tivessem resistido à tempestuosa noite.

Uma vez reunido ao grupo dos sobreviventes, Garibaldi descobriu que 16 dos seus 70 marujos estavam desaparecidos ou haviam comprovadamente morrido no naufrágio. A lista tinha 7 italianos, incluindo Mutru, seu amigo de infância e seguidor incondicional, e Carniglia, o homem que o salvara e lhe dedicara tantos cuidados depois do tiro que recebeu no Uruguai.

A dor pelas perdas era imensa, mas não havia alternativa a não ser seguir adiante. O grupo partiu, pela beira do mar, em direção a Laguna. Depois de alguns quilômetros, encontrou o Seival ancorado. Griggs havia ficado ali à espera, convicto de que pelo menos Garibaldi iria sobreviver a um naufrágio, excelente nadador que era. O reencontro deu novo alento ao guerreiro italiano – que, por uma humilde oferta do João Grandão, assumiu o comando do Seival. Enquanto tudo isso acontecia, as tropas rebeldes lideradas por Davi Canabarro e Joaquim Teixeira Nunes chegavam a Santa Catarina por terra.

Garibaldi passou a desenhar uma estratégia para invadir Laguna com o Seival. Havia dois possíveis caminhos. A barra da Laguna era considerada a opção natural para embarcações de grande porte, pois tinha leito fundo. Mas era óbvio que essa entrada estaria sendo vigiada com atenção pelas forças imperiais. Já a barra do Camacho, bem mais rasa, era considerada apropriada somente para pequenos barcos. Garibaldi apostou que a vigilância ali seria mais branda e que o nível da água do rio Tubarão, ao qual a barra dava acesso, estaria mais alto que o normal por conta da temporada de chuvas. Decidiu arriscar.

O barco chegou a encalhar nos trechos mais rasos, ocasiões em que todos os homens se jogaram à água para empurrá-lo. O Seival conseguiu, assim, invadir as águas interiores que levavam diretamente à vila, sem despertar suspeitas. Numa ação sincronizada, as tropas de terra haviam surgido algumas horas antes para atrair a atenção das forças imperiais que protegiam Laguna. As embarcações legalistas Itaparica e Lagunense estavam voltadas aos inimigos em terra, vigiando também a barra à espera de também possíveis inimigos, quando foram surpreendidas pelo surgimento do Seival no lado oposto.

O fator-surpresa certamente ajudou os rebeldes, mas nem por isso a tomada de Laguna foi fácil. A troca de tiros e as movimentações de tropas se estenderam por duas noites e dois dias. Os invasores foram conseguindo, aos poucos, ocupar espaços estratégicos, até que os líderes das tropas legalistas concluíram que não havia mais nada a fazer e decidiram abandonar a vila. A superioridade dos republicanos estaria mais uma vez sintetizada nos números de baixas – apenas uma morte, contra 17 entre os adversários.

Uma vez conquistada Laguna, as tropas farroupilhas decidiram continuar no encalço das forças legalistas, rumo a Desterro. A perspectiva de chegar com sucesso à capital catarinense parecia cada vez mais real. Cerca de 70 km adiante, no entanto, o exército imperial se entrincheirou eficientemente no Morro dos Cavalos, bloqueando o avanço pretendido pelos farrapos – que se viram obrigados a retornar e se contentar com o domínio de Laguna.

A resolução do conflito a favor dos republicanos foi motivo de comemorações entre a população da vila. Houve missa de ação de graças e uma grande festa, que invadiu a madrugada com música e dança. As famílias mais importantes da cidade confraternizaram com os rebeldes, símbolo do apoio amplo que a vila estava dando à causa rio-grandense – mesmo porque, uma vez tomada a cidade pelos revolucionários, não havia alternativa a não ser tolerar sua presença.

Ao longo dos combates em Laguna, os rebeldes conquistaram três embarcações do governo, com todos os seus armamentos e munições – 16 canhões, mais de 500 armas, quase 40 mil cartuchos –, fato que ampliou consideravelmente o poder de fogo das tropas farroupilhas e assegurava a permanência em Laguna por um bom tempo, já que o Império certamente não conseguiria se reorganizar de um dia para o outro. Também ficaram em poder dos farrapos 14 barcos comerciais que estavam na região, repletos de mercadorias.

Dentro do espírito de respeitar as diferenças regionais e manter o arranjo federativo, Laguna não seria simplesmente anexada à República Rio-grandense. O território catarinense conquistado pelos rebeldes passaria a formar uma república independente, batizada de Juliana, menção ao mês daquele ano de 1839 em que os históricos acontecimentos estavam ocorrendo. A República Juliana ganhou bandeira própria, com as cores verde, branca e amarela. Laguna foi elevada pelo novo governo da categoria de vila para cidade, com a denominação de Cidade Juliana.

Com o objetivo principal de valorizar a população local e mantê-la ao lado do movimento, foram eleitos para o comando da República Juliana pessoas que tinham vínculos anteriores com a cidade. A presidência ficou a cargo do tenente-coronel Joaquim Xavier Neves, simpatizante dos ideais republicanos, nascido ali mesmo em Laguna, enquanto seu tio, o padre Vicente Cordeiro, seria o vice-presidente.

Como Xavier Neves estava em Desterro naquele momento e não poderia ser comunicado da escolha de seu nome, o padre assumiu provisoriamente o cargo de presidente. Rossetti foi nomeado secretário-geral. Garibaldi recebeu o cargo de comandante da marinha catarinense.

Quando as notícias sobre a invasão de Laguna e a proclamação da República Juliana chegaram a todos os cantos do Brasil, a repercussão para a imagem do Império foi, como não poderia deixar de ser, péssima. Em nenhum outro momento da história a unidade do país esteve tão ameaçada. Nesse sentido, há uma evidente contradição na postura de Garibaldi: enquanto na Europa ele desejava ardorosamente a unificação da Itália, no Brasil ele lutava justamente pela desintegração da unidade existente.

Um dos primeiros atos de reação do governo central foi substituir o presidente da província de Santa Catarina, o brigadeiro João Carlos Pardal. Ele nunca havia conseguido conquistar a simpatia da população, mas o substituto seria ainda menos popular. Tratava-se do arbitrário marechal Francisco José de Souza Soares de Andréa, português de nascimento, que havia participado da repressão da Cabanada no Pará e ficou conhecido pelos atos cruéis, impondo-se sempre pelo terror que despertava entre os inimigos e até mesmo entre os próprios comandados.

Andréa partiu imediatamente para Desterro. Assim que chegou, já foi dando mostras de sua célebre arrogância. No trajeto entre o porto e o Palácio do Governo, determinava aos homens que encontrava pelo caminho que tirassem o chapéu diante de sua passagem, como demonstração de reverência e submissão.

O novo presidente da província mandou chamar Xavier Neves, que a essa altura todos já sabiam ter sido escolhido em Laguna para assumir a presidência da República Juliana, e o obrigou a aceitar um cargo na organização das forças imperiais – o comando da Guarda Nacional em São José, vila vizinha a Desterro. "Sua cabeça responderá por qualquer tentativa de subversão que houver na capital", ameaçou. Logo em seguida, para aumentar a humilhação, Xavier Neves foi deslocado para um cargo burocrático insignificante.

Apesar de toda a prepotência de Andréa, naquele momento, o Império não tinha saída a não ser aguardar o tempo necessário para renovar sua esquadra antes de tentar a retomada de Laguna. A estratégia imediata seria apenas vigiar o mar e a terra para bloquear novos avanços dos rebeldes rumo à capital catarinense e tratar de sufocar economicamente o movimento, impedindo que mantimentos chegassem a Laguna pelo norte.

Algumas semanas depois da tomada de Laguna, enviados republicanos conseguiram atravessar o mar em pequenas embarcações até a fortaleza de Araçatuba, no extremo sul da Ilha de Santa Catarina, em cuja região central ficava a parte administrativa de Desterro. Semearam a revolta entre os soldados da guarnição, que assassinaram o comandante daquela unidade militar. Mas a sublevação foi duramente abafada por Andréa, que conseguiu controlar a situação a tempo de evitar que a fortaleza fosse utilizada como base para a conquista da capital pelos rebeldes.

Diante do quadro estabelecido naquele momento, Garibaldi percebeu que teria a rara oportunidade de viver dias de certa calmaria, já que a chegada das forças imperiais a Laguna certamente não se daria dentro de um prazo curto. Tudo o que os revolucionários podiam fazer por ora era recrutar e treinar colaboradores na região, com o objetivo de armar uma respeitável linha de tiro para recepcionar as tropas inimigas quando elas finalmente chegassem.

A essa altura, eram seis os barcos de guerra da República Juliana – Garibaldi nunca tivera uma esquadra tão significativa sob seu comando. A escuna Rio Pardo, novo nome da imperial Libertadora, era a mais potente, e por isso Garibaldi assumiu seu controle. O Seival estava sob o comando de Lourenço Valerigini, enquanto John Griggs tomava conta da Caçapava e a canhoneira Sant'Ana ficava a cargo de Inácio Bilbáo. Filho de Laguna, João Henriques assumia a escuna Itaparica e Manoel Rodrigues a canhoneira Lagunense. Como todas as embarcações estavam precisando de algum tipo de conserto, de maior ou menor monta, as respectivas tripulações se puseram a realizar a tarefa.

Enquanto tudo isso acontecia no Sul do Brasil, a Europa também estava em ebulição. Os ventos revolucionários que sacudiram a Grécia e a Rússia chegavam com força à França, onde uma insurreição popular reforçou os princípios de liberdade da Revolução Francesa de 1789, abalados pelas decisões conservadoras do Congresso de Viena. A onda contestadora se espalhava por todo o continente, com forte repercussão na península itálica.

UMA HISTÓRIA DE AMOR

Em Laguna, apesar das tarefas que lhe ocupavam quase todas as horas, Garibaldi sentiu o baque da solidão. Estava muito abalado pela perda dos companheiros no naufrágio, cujas cenas se repetiam em sua memória – especialmente aquelas em que não conseguia salvar dois de seus amigos mais queridos e aos quais tanto devia, Mutru e Carniglia.

Nesses momentos de reflexão, chegava a pensar se valia a pena levar aquela vida errante. Logo as dúvidas se dissipavam, no entanto, pela convicção de que eram causas muito maiores e mais importantes que as suas aspirações pessoais. Os outros planos que ficassem para um futuro incerto. Por ora, ele estava comprometido com os objetivos revolucionários.

Já somava 32 anos, mas não tinha a perspectiva de encontrar uma mulher insensata a ponto de acompanhá-lo em suas aventuras. A desilusão com Manuela mostrara-lhe bem como funcionavam as coisas do coração para um revolucionário. Solidão fazia parte do jogo. Assim, vinha colecionando apenas amores passageiros, fugazes, encontrados ao acaso nos cais, nas tavernas, entre um ou outro momento da sua tumultuada trajetória. Mulheres que passavam pela sua vida quase como se fossem paisagens vistas de um barco.

> Depois da morte de Luigi, Edoardo e dos meus outros amigos por naufrágio, achava-me num isolamento completo, parecendo-me existir só no mundo. Não me havia ficado um só desses amigos de que o coração tem necessidade, como a vida de alimento. Os que tinham escapado eram, como já disse, estrangeiros. Eram sem dúvida dotados de um excelente coração, mas conhecia-os há pouco tempo para ter com eles grande intimidade. Nesse espaço enorme que aquela terrível catástrofe tinha feito em volta de mim, sentia necessidade de uma alma que me amasse, porque sem alma a existência era-me insuportável, quase impossível. [...] Era pois uma mulher que se me tornava necessária, por ser o único refúgio, o único anjo consolador, a estrela da tempestade. A mulher é uma divindade que nunca se implora em vão, sobretudo no infortúnio. Era com este incessante pensamento que, do meu camarote, a bordo do Itaparica, voltava-se sem cessar o meu olhar para a terra.

Foi numa dessas ocasiões que, apontando a luneta ao conjunto de casas concentradas na colina à entrada de Laguna, Garibaldi avistou uma jovem que lhe pareceu bonita. Era final de tarde e a visão se repetiu no mesmo horário do dia seguinte, quando a moça ficou a contemplar o horizonte.

Garibaldi decidiu, então, que iria vê-la de perto. Marcou um ponto de referência para encontrar a casa e seguiu até lá, com o plano de chegar ao local como se estivesse passeando sem compromisso. Já estava bem perto quando encontrou um homem que conhecia de vista. Chamava-se Manuel e convidou o ilustre forasteiro para tomar um café.

Foi justamente ela que os recebeu. Era mais alta que a média, tinha 18 anos, cabelos longos e pretos, sardas no rosto e pele escurecida pelo sol. Ana Maria era o seu nome, mas todos a chamavam Aninha do Bentão – referência ao pai, que morrera muitos anos antes, quando a menina ainda era pequena. Como tinha dificuldade para pronunciar "Aninha", Garibaldi passou a chamá-la de Anita. Ela sorriu ao ouvir o novo apelido pela primeira vez.

Quando chegou a hora de se despedir, já rodeado por parentes e vizinhos atraídos pela movimentação na casa, Garibaldi se aproximou de Anita e lhe falou baixinho, em italiano: "Tu devi essere mia". "Tu serás minha." Àquela altura, ele ainda não sabia se a moça era comprometida. Não havia compreendido direito a natureza da relação dela com Manuel – seriam irmãos, primos ou marido e mulher?

De qualquer forma, ele decidiu que deixaria claro seu interesse. Ainda que Anita não compreendesse as palavras em italiano, certamente entendeu a intensidade do olhar de Garibaldi. Ela já havia ouvido muitas histórias sobre o aventureiro italiano e não imaginava que um homem como ele, que conhecia o mundo inteiro, poderia se interessar por alguém tão comum e sem graça quanto ela. Só mesmo como um passatempo durante a permanência em Laguna.

O único problema é que Anita era mesmo casada com Manuel – conhecido nas vizinhanças como Manuel dos Cachorros, de tanto que gostava dos seus cães de estimação. Era um homem simples e quieto, que trabalhava como sapateiro e gostava de passar muitas horas pescando.

Uma entre muitas recriações artísticas da imagem de Anita Garibaldi. [Litografia colorida, (s/d), Lavini.]

Quando a mãe de Anita enviuvou, com dez filhos – Ana era a terceira mais velha –, decidiu que sua grande missão seria providenciar casamentos dignos para as meninas, assegurando-lhes, assim, algum futuro. Naquela pequena vila, não havia muito como escolher. Já estaria de bom tamanho se cada uma encontrasse um homem honesto e trabalhador. E essas duas virtudes eram reconhecidas em Manuel. Assim, Anita se uniu a ele quando tinha apenas 14 anos. Passados quatro anos, os dois ainda não tinham tido filhos, o que contribuía para o boato de que o rapaz "não dava no couro".

Durante os dois meses que se seguiram ao primeiro encontro, Garibaldi e Anita encontravam-se eventualmente, por acaso ou por iniciativa dele. O fato de seu amigo Rossetti permanecer o tempo todo em terra – era quem havia se tornado, na prática, o administrador do novo governo republicano – servia como justificativa para circular o tempo todo pela vila.

A passagem do tempo começou a se tornar prejudicial aos objetivos da revolução. Os mantimentos escasseavam e a organização do novo governo não evoluía, sobretudo pela limitação dos recursos financeiros. A República Juliana pedia ajuda material à República Rio-grandense, mas prevalecia o entendimento de que cada unidade da federação precisaria sobreviver por conta própria.

Assim, a possibilidade de avançar rumo à conquista de Desterro tornou-se cada vez mais remota – e inviabilizou-se de vez quando 26 embarcações de pequeno porte que estavam sob o poder dos farroupilhas na região de Massiambu e da praia da Pinheira, entre Laguna e Desterro, foram tomadas pelas forças legalistas. No comando dessa operação estava o almirante Frederico Mariath, que se mostraria um adversário à altura de Garibaldi.

Diante da necessidade de aumentar o estoque de mantimentos e de armamentos, Garibaldi decidiu arriscar-se. Planejou uma expedição como corsário. Partiria com três navios rumo ao norte com o objetivo de realizar pilhagens. Canabarro ficaria com a responsabilidade de guardar Laguna nesse meio-tempo.

Às vésperas da viagem, Garibaldi deu um jeito de se encontrar a sós com Anita, na fonte próxima à praia em que ela costumava lavar roupas. Propôs que ela o acompanhasse na viagem. Anita surpreendeu-se com a proposta. Ficou angustiada e indecisa. Vivia um casamento por conveniência, mas era grata a Manuel e sabia que abandoná-lo seria um grande fardo para o rapaz. Por outro lado, desejava se lançar àquela paixão.

Anita explicou o que estava acontecendo à mãe – que não a condenou, mas alertou para as prováveis consequências de tudo aquilo: Garibaldi simplesmente seguiria seu caminho mundo afora, enquanto a jovem ficaria desgraçada pelo resto da vida.

Garibaldi tinha estabelecido um horário-limite para que Anita subisse a bordo da Rio Pardo. Ela se decidiu a menos de uma hora do término do prazo. Ele não escondeu a satisfação por vê-la se aproximar. Recebeu-a afetuosamente e a apresentou de imediato à tripulação como esposa do comandante, sem maiores explicações. Muitos dos seus subordinados sabiam se tratar da mulher de um dos moradores de Laguna, que estava de certa forma sendo "roubada" do marido legítimo, mas tentaram agir com naturalidade, demonstrando respeito ao líder.

DESGASTE NO COMANDO REBELDE

Garibaldi utilizou-se de um estratagema simples para iludir a Patagônia, embarcação imperial responsável por bloquear a saída de Laguna. Mandou uma pequena e ágil sumaca à frente, como "isca" que induziu os adversários a persegui-la. Ele imaginava que, para o comandante da Patagônia, George Broom, seria uma questão de honra não deixar adversário algum passar sem autorização. E sabia que as circunstâncias daquele momento impunham ventos desfavoráveis a uma grande embarcação, de tal forma que alcançar a sumaca não seria missão rápida e simples para a Patagônia.

Deu certo. Tão logo seus informantes confirmaram que a Patagônia saíra em perseguição à sumaca, as três embarcações revolucionárias deixaram o porto em direção também ao norte, mas em uma rota diferente. Sob o comando de Garibaldi, a Rio Pardo estava sendo acompanhada na missão pela Caçapava, liderada por Griggs, e pelo Seival, sob ordens do italiano Lourenço Valerigini.

Estátua de Anita em Laguna, sul de Santa Catarina, terra da Heroína dos Dois Mundos.

A esquadra revolucionária seguiu sem contratempos até perto de Santos. Nessa região, depararam com um cargueiro que ostentava a bandeira do Império. A embarcação foi abordada com facilidade e parecia estar sendo tranquilamente dominada pela Caçapava, de tal forma que o Seival e a Rio Pardo seguiram adiante, enquanto Griggs se encarregava de concluir a tomada do barco do Império, verificando o teor da carga e resolvendo o que faria com a tripulação.

Mas a situação se complicou. A tripulação da embarcação imperial não estava tão submissa quanto parecia e mostrou-se disposta a lutar. Pego de surpresa, Griggs desistiu da abordagem. Separado das duas outras embarcações rebeldes, ele decidiu retornar rumo ao Sul, com receio dos perigos aos quais estaria submetendo a Caçapava ao circular sozinha nas proximidades do Rio de Janeiro, casa da Marinha Imperial.

O Seival e a Rio Pardo perceberam a aproximação de um navio de guerra inimigo quando se encontravam ainda no litoral de São Paulo, à altura da ponta da Jureia. Era a corveta Regeneração, que desde a manobra de saída de Laguna estava à procura dos farrapos. Tratava-se de uma embarcação equipada com duas dezenas de peças de artilharia, muito mais que os três canhões dos quais dispunham naquele momento os rebeldes.

Pois era justamente no porte do inimigo que estava a única chance de derrotá-lo. Em meio à troca de tiros já iniciada, Garibaldi tratou de atrair a Regeneração para o mais perto possível da praia, onde a grande embarcação teria dificuldades para se locomover.

Quando a noite se aproximou, o comandante do navio imperial decidiu recuar até alto-mar, de onde planejava vigiar a movimentação dos rebeldes para voltar à carga no dia seguinte, com toda a visibilidade. Mas a noite foi tempestuosa e o dia amanheceu com chuva e vento forte. Em meio a esse cenário, Garibaldi e Valegirini conseguiram habilmente escapar ao seguir bem próximos à rebentação, longe da visão e do alcance dos canhões do inimigo.

À altura de Cananeia, os dois barcos rebeldes ancoraram por trás da ilha do Bom Abrigo, cujo nome traduz exatamente as condições que oferece, tanto no que diz respeito à proteção em relação aos ventos, quanto ao fato de funcionar como um obstáculo visual para quem passa em alto-mar. Ali, a maior parte dos tripulantes de ambos os navios foram deixados em terra, com a missão de recolher nas redondezas tudo o que fosse possível em termos de mantimentos. Isso poderia incluir ataques às fazendas da região, se necessário.

Enquanto os homens agiam em terra, Garibaldi abordou duas sumacas que passaram pelas proximidades, com carregamentos de arroz do Sul para o Rio de Janeiro. Tomou posse das embarcações e liberou seus tripulantes.

Quando a tripulação voltou a ficar completa, Garibaldi se mostrou satisfeito com o resultado dos saques e, prevendo que novos sucessos poderiam ser obtidos no caminho, considerou que era hora de iniciar o retorno a Laguna.

Nas proximidades de Paranaguá, no Paraná, os homens de Garibaldi abordaram e invadiram mais uma sumaca, a Formiga. Não foi sem surpresa que encontraram, no porão, alguns homens da Caçapava feitos prisioneiros. Eles relataram uma série de maus-tratos desde que haviam sido capturados na abordagem malsucedida. O objetivo da tripulação da Formiga era levá-los como prisioneiros até Desterro. Com o domínio da embarcação por Garibaldi, inverteram-se os papéis: quem estava na condição de algoz tornou-se prisioneiro e vice-versa.

Perto de Desterro, os revolucionários depararam com um adversário realmente de peso, capaz de assustar até mesmo um capitão destemido como Garibaldi: o brigue Andorinha, um navio de guerra na essência do termo, armado com sete robustas peças de artilharia, todas de longo alcance. Perto dele, a Rio Pardo e o Seival pareciam meros barcos de pesca.

A única saída que Garibaldi vislumbrou foi mandar acelerar ao máximo a fuga das embarcações mercantes que haviam sido roubadas durante a expedição, na tentativa desesperada de fazê-las chegar a Laguna com os mantimentos que carregavam, enquanto a Rio Pardo e o Seival se esforçariam para distrair o Andorinha.

Quando a Rio Pardo teve suas velas perfuradas pelas balas inimigas, parecia ser mera questão de tempo para que ocorresse um estrago mais significativo. De fato, não tardou para que o Seival fosse atingido no casco e começasse a fazer um pouco de água. Apesar dos danos, os dois barcos seguiram em fuga, perseguidos pelo Andorinha.

Com a aproximação da noite, Garibaldi buscou refúgio na pequena enseada de Imbituba, tradicionalmente utilizada como armação na pesca de baleias. Os dois navios ancoraram o mais perto possível da praia, para facilitar a chegada em terra caso o cerco do inimigo os obrigasse a escapar. Estavam acompanhados de um dos pequenos barcos carregados de arroz, o Bizarria. Os outros dois haviam se perdido pelo caminho – um fora recuperado pelas forças imperiais e o terceiro desistira da fuga em meio à perseguição pelo Andorinha, seguindo rumo à costa.

Por coincidência, estava fundeado ali um pequeno barco comercial que saíra de Laguna às escondidas, sem autorização dos republicanos, e resolvera passar a noite justamente naquele local. Não foi sem apreensão que os tripulantes dessa embarcação testemunharam a chegada dos dois navios revolucionários, imaginando que todo aquele aparato havia sido mobilizado apenas para encontrá-los e puni-los. Garibaldi tomou posse da embarcação e liberou seus tripulantes, com a ordem de que voltassem a Laguna por terra.

Todos sabiam que o ataque inimigo ao amanhecer era praticamente certo. Para ensaiar alguma resistência, Garibaldi determinou que um canhão fosse retirado do Seival e levado até o promontório na entrada da enseada, onde seria devidamente escondido pela vegetação – uma pequena surpresa à espera dos inimigos.

Nesse meio-tempo, Garibaldi tentava persuadir Anita a buscar refúgio em terra, alertando-a sobre a gravidade do combate que se aproximava – do qual muitos de seus homens, ou mesmo ele próprio, provavelmente não sairiam vivos. Anita respondeu que não queria receber qualquer tipo de cuidado especial, pois agiria do começo ao fim como qualquer outro dos seus comandados. Estava às ordens do capitão.

A postura corajosa de Anita deu um novo ânimo a Garibaldi, sentimento que se disseminou por todos sob seu comando. Ao mesmo tempo que os revolucionários se organizavam, no entanto, as forças imperiais não faziam diferente. Com 54 marujos, o Andorinha ganhou o reforço da Patagônia, a embarcação que havia sido iludida à saída de Laguna, com cinco canhões e 62 homens, e da escuna Bela Americana, com três peças de artilharia e 48 tripulantes. Se a situação já estava crítica, tornava-se agora praticamente impossível de ser revertida pelos rebeldes.

O ataque começou por volta do meio-dia. A defesa estava a postos, mas sofreu um baque emocional com a aparição de três navios – e não apenas do Andorinha, que já seria problema suficiente. A estratégia da esquadra imperial estava bem definida. A Bela Americana veio à frente, como uma espécie de "abre-alas", seguida pela Patagônia, que concentraria fogo na Rio Pardo, enquanto o Andorinha atacaria o Seival.

Não tardou para que os primeiros homens de Garibaldi sucumbissem à pesada artilharia. Alguns caíam mortos; outros, mutilados, gritavam desesperadamente. "O inimigo, favorecido na sua manobra pelo vento que então fazia, manteve-se à vela, canhoneando-nos furiosamente", descreveu Garibaldi.

"Apesar de tudo, apesar de o flanco de nosso navio estar crivado de balas, de nossa mastreação ter avaria, estávamos resolvidos a não ceder, deixando-nos matar até o último."

A grande vantagem da frota imperial se deu apenas enquanto havia uma certa distância, já que a principal diferença entre os dois lados era o alcance dos tiros. Quando os legalistas se aproximaram com o objetivo de tomar os navios rebeldes, o combate se tornou mais equilibrado, passando a ser praticamente homem a homem, carabina a carabina. Enquanto isso, a bateria do promontório, operada habilmente por Manoel Rodrigues, fazia estragos nas forças inimigas.

Garibaldi havia sido persistente ao orientar seus homens para esse momento. Que cada tiro tivesse um destino bem planejado: nada de sair apertando o gatilho a esmo. Era uma orientação que fazia questão de transmitir não apenas para poupar munição, mas também por acreditar que tê-la em mente contribuía para o sucesso de qualquer atirador.

Quando um tiro de canhão estourou bem perto de Anita, arremessando-a a alguns metros de distância, Garibaldi correu para socorrê-la, temeroso de que o pior tivesse acontecido, mas a encontrou recuperando a consciência. O episódio foi assim relatado por Garibaldi:

> Estávamos dispostos a morrer à vista da conduta da amazona brasileira que tínhamos a bordo. Não só Anita, como eu disse, não quis desembarcar, porém ainda, de carabina em punho, tomou parte no combate. [...] Eu tive durante a ação uma das mais vivas e cruéis emoções da minha vida. Enquanto que Anita animava meus companheiros, sempre com o sabre na mão, uma bala de artilharia derrubou-a com dois deles. Corri para ela, julgando-a não mais ver senão como um cadáver, mas ela se levantou salva e sorrindo; os dois homens, porém, estavam mortos.

O combate já durava algumas horas, com os homens de ambos os lados tendo marcado posição e trabalhando para conquistar pequenos avanços. Ao cair da tarde, a Bela Americana iniciou manobra de retirada, após ter sido atingida por um tiro que lhe deixara com um rombo considerável no casco. As outras embarcações legalistas seguiram o mesmo caminho, para surpresa de Garibaldi. Ele credenciou o ato a duas possibilidades: ferimento em algum importante oficial do Império, originando assim a necessidade de buscar socorro médico urgente, ou o receio dos inimigos em adentrar a noite em combate contra adversários que se mostraram irredutíveis quanto à decisão de lutar até a morte.

Com o afastamento dos inimigos, era hora de se dedicar à tarefa de cuidar dos feridos e enterrar os mortos ali mesmo, no campo de batalha. Outras frentes de trabalho tratavam de iniciar os reparos nos barcos e de trazer de volta ao Seival o canhão que prestara serviços tão relevantes sob o comando de Manoel Rodrigues. Tudo isso precisava ser feito o mais rápido possível, ainda durante a noite, antes que as forças legalistas decidissem retornar ao local. Assim que o dia clareou, os navios rebeldes partiram rumo a Laguna.

Os revolucionários foram recebidos com festa pelos colegas que haviam ficado em Laguna. Todos queriam saber detalhes da aventura. Mas, entre a população, o entusiasmo já não era o mesmo. A sensação geral era de que as perspectivas de progresso trazidas pela chegada dos rio-grandenses haviam ficado de vez no passado. E o "rapto" de Aninha do Bentão, a menina que todos ali viram crescer, contribuiu para que aumentasse a resistência da população à presença dos forasteiros. Por mais que a própria Aninha afirmasse que havia decidido seguir com Garibaldi por vontade própria, sem ter sido forçada a nada, ninguém concordava com a humilhação à qual Manuel dos Cachorros estava sendo submetido.

O equilíbrio do movimento revolucionário estava abalado, também, pela discórdia que havia se instalado de vez entre seus comandantes – Canabarro, Rossetti e o padre Cordeiro já não se entendiam nas grandes estratégias e nem mesmo nas pequenas decisões do cotidiano, dando sinais claros de desesperança com os rumos da causa. Atos de indisciplina começavam a pipocar nas tropas e se tornariam um grande problema para Garibaldi.

O FIM DA REPÚBLICA JULIANA

Atos violentos praticados em Imaruí, alguns dias depois do retorno de Garibaldi, reduziram ainda mais o apoio dos catarinenses ao movimento republicano. Tudo começou quando chegaram notícias de que na pequena vila, a 10 km de Laguna, um grupo de monarquistas decidira desafiar a República Juliana, hasteando a bandeira do Império. Garibaldi partiu imediatamente com alguns de seus homens para a localidade, onde o grupo executou um saque extremamente violento. O patrimônio privado foi desrespeitado e todo tipo de maus-tratos foi imposto aos moradores.

Garibaldi sempre afirmou que tais atos não partiram de suas ordens, e sim da raiva que seus homens colocaram incontrolavelmente para fora naquele momento, como uma espécie de catarse coletiva pelas dificuldades que vinham enfrentando. Muitos já saíram de Laguna alcoolizados e continuaram bebendo durante o saque. Mas a mancha que o episódio imprimiu na consciência de Garibaldi jamais desapareceria:

> Deus me perdoe! Mas não tenho em toda a minha vida sucesso que me deixasse tão amargas recordações como o saque de Imaruí. [...] Infelizmente, a vila, ainda que pequena, tinha muitos armazéns cheios de vinhos e licores, de modo que, excetuando a mim, que não bebo senão água, e a alguns oficiais que consegui conservar ao pé de mim, todos se achavam embriagados. Além disso, os meus soldados eram na sua maioria recrutas, homens que eu apenas conhecia, e, por consequência, indisciplinados. [...] Enfim, à força de ameaças e esforços, consegui reembarcar esses animais selvagens.

Do lado republicano, houve apenas uma morte no confronto, contra dezenas do outro lado. Garibaldi queria enterrar o subordinado lá mesmo, em Imaruí, mas seus colegas pediram para levar o corpo até Laguna, onde prometiam organizar uma cerimônia digna. Já de volta à vila, percebendo certa algazarra num dos alojamentos de seus homens, Garibaldi flagrou um grupo jogando cartas sobre o cadáver do companheiro morto.

Foi um aprendizado para Garibaldi como líder. Ele percebeu que até então era muito complacente e tolerante. Dali em diante, seria bem mais rigoroso com quem extrapolasse. Instituiria até a pena de morte como punição, nos casos em que julgasse necessário para dar o exemplo e manter as tropas sob controle. "Eu era um ignorante, na época, da natureza humana, que já é um pouco disposta à perversão quando é instruída, e muito mais ainda quando não é", diria mais tarde.

Enquanto os republicanos perdiam tempo e energia atacando a indefesa Imaruí, Andréa organizava um ataque definitivo. O enérgico português havia sido eficaz ao anular a ação de elementos suspeitos em Desterro, tornando o clima na capital favorável a si e ao Império — a cidade já não parecia mais se encontrar dividida entre o apoio ao poder estabelecido e a possibilidade de vir a ser dominada pela República Rio-grandense.

Andréa continuava com todo o respaldo do governo central, que lhe fornecia os recursos necessários para exterminar de vez uma revolta que, no entender do Império, estava se prolongando muito além do prazo tolerável. Ao mesmo tempo, os informantes que infiltrou em Laguna traziam notícias de que as coisas por lá estavam em franca desordem, com discussões entre os próprios republicanos e falta de apoio por parte dos rio-grandenses.

Notícias sobre a aproximação das forças legalistas percorreram Laguna. Boa parte da população decidiu se esconder em lugar seguro. A defesa foi então armada conforme um plano minuciosamente traçado por Garibaldi, que posicionou em semicírculo os barcos sob seu comando, intercalados por lanchões com atiradores. Outros 1.200 homens, recrutados na vila e arredores, posicionaram-se em terra com as armas disponíveis para ajudar na missão de evitar que os barcos inimigos atravessassem a barra. A ideia era, como sempre, resistir ao máximo.

Lideradas por Frederico Mariath, as embarcações imperiais surgiram no horizonte alinhadas uma atrás da outra. Vinte e duas ao todo – algumas grandes e bem equipadas, outras pequenas e ágeis. Por terra, vinha o reforço de mais de 3 mil homens.

Garibaldi avistou a movimentação do alto do morro em que se encontrava com Anita, à espera da chegada dos inimigos. Desceu rapidamente para assumir o comando da Rio Pardo. Era o dia 15 de novembro de 1839 – por coincidência, exatos 50 anos depois ocorreria a proclamação da República brasileira.

À frente da esquadra imperial vinha uma canhoneira comandada por Manoel Moreira da Silva, o Manoel Diabo, que adentrou sem dificuldade a barra, abrindo caminho para os que vinham a seguir. Mas a artilharia intensa à qual foram submetidos multiplicou as vítimas e fez com que três barcos do Império perdessem o rumo e encalhassem em suas manobras.

O conflito tornou-se tão intenso que, para Garibaldi, pouco havia a fazer além de continuar atirando enquanto via seus homens sendo alvejados. Anita, que mais uma vez se recusara a permanecer em local protegido, assumiu uma tarefa importante e arriscada: comandar o barco a remo que atravessava o canal da Barra para transportar munição da terra ao Seival, trazendo de volta os feridos. O barco percorreu o trajeto mais de 20 vezes, sempre em meio ao fogo cruzado, e Anita milagrosamente não foi atingida.

Com a quantidade de feridos e mortos aumentando rapidamente do seu lado, Garibaldi percebia que chegava o momento da decisão mais dolorosa: abrir mão de Laguna. Mandou atear fogo na Rio Pardo e em algumas das demais embarcações sob seu comando. Em meio à confusão, escapou com Anita no bote que ela estava usando, enquanto Canabarro organizava a retirada das tropas por terra.

Ao final do conflito, foram contabilizadas 69 mortes do lado republicano e 17 nas forças imperiais. O único comandante dos navios revolucionários a sobreviver foi Garibaldi. Os outros cinco morreram em combate. John Griggs foi atingido por um tiro de grosso calibre e, com o impacto, teve o corpo dividido em duas partes. João Henriques, o valoroso marinheiro nascido ali mesmo em Laguna, sucumbiu a um tiro no centro do peito. Valerigini e Bilbao também não escaparam.

Chegava ao fim o domínio dos insurgentes sobre Laguna – a República Juliana não conseguiu completar quatro meses de existência, do dia 22 de julho até aquele 15 de novembro. Tão logo se confirmou a vitória das tropas legalistas, Andréa fez questão de visitar a vila reconquistada. Sua primeira ação em Laguna foi baixar um decreto que anulava, "como se nunca houvessem existido", quaisquer possíveis efeitos de "atos emanados do governo revolucionário e das autoridades que lhes obedecessem".

Garibaldi e Anita partiram, com os demais republicanos remanescentes, em longa marcha rumo ao sul. Seguiram 140 km pelo litoral até alcançar Torres, já no Rio Grande do Sul. Exaustos, só àquela distância sentiram-se seguros para acampar. No dia seguinte, iniciou-se a deliberação sobre os próximos passos. Cogitou-se até uma tentativa de retomada de Laguna, mas sem um apoio efetivo da República Rio-grandense essa possibilidade tornava-se virtualmente impossível de ser materializada.

Decidiu-se, então, pela divisão das tropas. Parte voltaria a Piratini e outro grupo seguiria rumo a Lages, então sob o controle republicano de Teixeira Nunes. A ideia era reforçar a posição do movimento na cidade serrana – que, na visão dos otimistas revolucionários, poderia ainda servir como base para a reorganização em solo catarinense. Garibaldi recebeu a missão de subir a serra, como líder da infantaria e dos homens remanescentes das suas antigas tripulações. Eram mais ou menos 150 subordinados sob o seu comando, num total de quase 500 da coluna de Teixeira Nunes.

Com Anita sempre ao seu lado, puseram-se a enfrentar um caminho lento e difícil, em meio a picadas e penhascos, com dificuldades adicionais como o frio e a aparição repentina de intensa neblina – ou "cerração", como o fenômeno é chamado na serra. Só na véspera do Natal o grupo chegou a Lages. Garibaldi e Anita assistiram à Missa do Galo na mesma igreja em que os pais dela haviam se casado.

As três semanas de tranquilidade em Lages deram ao casal a sensação de que, um dia, seria possível realizar o sonho, que naquele momento parecia tão distante, de ter uma vida normal em família. Logo Anita descobriria que estava grávida. Apesar do caos em que viviam, tanto ela quanto Garibaldi ficaram radiantes com a novidade.

DE VOLTA AO RIO GRANDE DO SUL

Mas a calmaria, como sempre, logo chegaria ao fim. As notícias davam conta de que tropas legalistas se aproximavam da cidade. Em vez de permanecer à espera do ataque, o coronel Teixeira Nunes decidiu partir ao encontro dos inimigos. Depois de três dias de cavalgada, suas tropas acamparam nas proximidades do rio Marombas. Por volta da meia-noite, as tropas imperiais chegaram ao local e iniciou-se um confronto noturno com diversos tipos de armas – pistolas, espadas, lanças. Foi tão sangrento que, dali em diante, a região ficaria conhecida como Capão da Mortandade, pertencente hoje ao município catarinense de Curitibanos.

No início, o domínio foi dos legalistas, que se posicionaram melhor no terreno. Mas os republicanos se lançaram ao combate com tamanho ímpeto que logo a vantagem mudou de lado, com as tropas imperiais sendo perseguidas pela cavalaria republicana. Os soldados do Império recuaram até o ponto em que, para escapar da morte, muitos se viram obrigados a pular no Marombas para tentar atravessá-lo a nado.

No ímpeto de avançar sobre os inimigos, entretanto, a cavalaria republicana cometeu um erro fatal: afastou-se demasiadamente do restante da tropa. Esses homens, que compunham a linha de frente do combate, acabaram cercados. Alguns se entregaram, outros não escaparam de ser trucidados – cena que Garibaldi, à frente de sua tropa de infantaria, só pôde acompanhar a distância, por mais que tentasse se locomover rapidamente para socorrer os companheiros.

Diante da nova reviravolta no conflito, Garibaldi organizou uma linha de defesa para impedir avanços dos inimigos. A quantidade de soldados do lado oposto era bem maior e a munição dos republicanos estava acabando. A única saída seria bater em retirada até um trecho de floresta localizado a mais de um quilômetro dali. Usando uma tática de proteção mútua, em que alguns atiradores se expõem para que os outros possam correr, com inversão dos papéis logo em seguida, os republicanos conseguiram escapar com poucas baixas.

Mesmo grávida, com a barriga já aparecendo, Anita exercia mais uma vez a tarefa de coordenar o transporte da munição entre a retaguarda e a linha de frente. Em meio à intensa troca de tiros, seu cavalo foi atingido. Garibaldi nem sequer sabia o que ocorria com a amada, pois estava envolvido na tentativa de salvar Teixeira e seus homens.

Anita caiu do cavalo e, sem chances de escapar, foi capturada pelos inimigos e levada ao líder das tropas imperiais. Tratava-se do coronel Antônio de Melo Albuquerque, conhecido como "Melo Manso" – uma forma de diferenciá-lo de um militar homônimo conhecido como "Melo Brabo". Fazendo jus ao apelido, Melo Manso, num ato de cavalheirismo e também de reconhecimento pela impressionante bravura demonstrada por aquela mulher, facilitou sua fuga, ainda que não pudesse assumir abertamente tal decisão. Vinte anos depois, durante um discurso para jovens cadetes, o coronel se justificou:

> Quando me foi apresentada estava malvestida, desgrenhada, bem como com a voz embargada, devido à tremenda luta e ao fato de ficar separada do seu marido; via-se que ela padecia horrivelmente, tendo por tudo conquistado a minha admiração, como a dos meus comandados por nunca termos pensado ver uma mulher tão valorosa, tendo-nos enchido do maior orgulho, porque era uma catarinense, uma compatriota que dava ao mundo tão sublimes provas de valor e intrepidez. [...] Apesar da promessa que lhe fiz de restituí-la ao seu esposo na primeira oportunidade, a denodada Anita com uma pasmosa coragem conseguiu fugir em uma noite tenebrosa. Quando este fato teve lugar e chegou ao meu conhecimento, fiquei penalizado por não possuí-la mais como prisioneira, mas tendo desejado que ela encontrasse o seu marido e tirasse também da dolorosa situação em que se achava, julgando nunca mais vê-lo, para a sua eterna desgraça.

Anita temia que Garibaldi estivesse morto e iniciou uma busca desesperada pelo amado, enquanto ele, da mesma forma, torturava-se por ter se afastado dela durante o combate. Não lhe restou alternativa, no entanto, a não ser se embrenhar na floresta ao lado de seus homens para despistar os inimigos e iniciar uma fuga em direção a Lages.

Os primeiros quatro dias foram repletos de dificuldades e sobressaltos – a simples aproximação de um cavalo selvagem, num determinado momento, foi suficiente para levá-los ao pânico. Havia também a fome a persegui-los. Era difícil encontrar alimentos pelo caminho. Um soldado do grupo chegou a morrer com suspeita de envenenamento por ingerir um tubérculo tóxico.

No quinto dia, já próximos de Lages, eles chegaram a uma casa que pertencia a um conhecido apoiador do Império na região. Fizeram-no prisioneiro, bem como aos seus familiares, e mataram alguns bois para que todos pudessem se alimentar. Após algumas horas de descanso, seguiram viagem.

Tão logo escapou, Anita voltou ao campo de batalha para procurar o rosto de Garibaldi entre os cadáveres empilhados. Aliviada por não tê-lo encontrado ali, deu um jeito de conseguir um cavalo que pudesse levá-la a Lages. Foram quatro dias de cavalgada até chegar aos arredores da vila. Lá ela soube que os republicanos haviam partido rumo a Vacaria, no Rio Grande do Sul, diante de notícias sobre a iminente invasão dos imperiais.

Anita seguiu para Vacaria e, no caminho, deparou-se com os republicanos acampados num típico vilarejo serrano. Garibaldi estava entre eles e sentiu seu coração disparar ao perceber a aproximação da amada. A emoção do reencontro foi intensa. "Impossível descrever em palavras a alegria daquele momento", resumiu Garibaldi.

Na sequência do deslocamento das tropas rebeldes, seria preciso atravessar o rio Guaíba, intensamente vigiado pelos soldados imperiais. Utilizando uma pequena canoa, Garibaldi comandou o grupo de remadores que executou a passagem dos homens aos poucos, no meio da noite, para não despertar a atenção dos inimigos. Foram inúmeras e exaustivas viagens. Além da fome e do cansaço, a carência de sono era, também, um obstáculo a ser superado.

Os farroupilhas entrariam mais uma vez em confronto com tropas legalistas à margem do rio Taquari, uma das mais sangrentas batalhas de toda a Revolução, ocorrida no dia 3 de junho de 1840. Os republicanos perderam 270 soldados, contra 201 dos imperiais. Ao final do combate, cada exército partiu para um lado, sem mudança significativa no quadro geral. Um típico empate técnico, já que, embora não se possa dizer que os farrapos saíram derrotados, também não saíram vencedores – mesmo porque, no lado rebelde, as perdas de homens eram sempre mais representativas, por conta da maior dificuldade de reposição. Esse confronto ficaria bem guardado na memória de Garibaldi:

> O general inimigo, intimidado pela forte posição que ocupávamos e pela nossa firmeza, hesitou e fez repassar o rio os dois batalhões, tomando a defensiva em lugar da ofensiva. [...] No momento em que ele não nos atacava, não devíamos nós atacá-lo? Tal era a opinião da maioria. [...] Tinham-se-nos acabado os comestíveis e a infantaria principalmente sofria muito com essa falta. A água também se nos tinha acabado e sua falta era-nos mais sensível que a dos víveres.

À nossa vista existia uma grande quantidade de água, mas que infelizmente se achava em poder do inimigo. […] O combate foi terrível, especialmente na floresta, onde o estrondo da fuzilaria e árvores despedaçadas, no meio de um espesso fumo, parecia o de uma infernal tempestade. De cada lado não contamos menos de 500 mortos e feridos.

Garibaldi atribuiu o insucesso nessa batalha à hesitação de Bento Gonçalves em determinar o ataque antes da retirada da infantaria inimiga, que conseguiu atravessar o rio protegida por seus navios de guerra. "No meio das brilhantes qualidades, das quais julgo ter já falado, citarei alguns dos defeitos do general Bento Gonçalves: o mais deplorável dentre eles era uma certa hesitação, razão provável dos resultados funestos das suas operações", descreveu Garibaldi nas *Memórias*. Essas críticas eram mais um indício de como o relacionamento entre os líderes revolucionários estava desgastado àquela altura.

Depois da Batalha de Taquari, as tropas de Garibaldi retiraram-se rumo ao Rio Grande do Sul, onde ele voltaria a coordenar a fabricação de embarcações. O próximo objetivo dos revolucionários seria conquistar a vila de Rio Grande, no extremo sul do estado, projeto antigo que havia sido abandonado diante da prioridade de expandir as fronteiras do movimento na direção oposta. Com o insucesso das investidas em Santa Catarina, Bento Gonçalves decidiu concentrar esforços na conquista integral do território gaúcho.

A estratégia para chegar a Rio Grande e dispor, assim, de um bom acesso ao mar, seria descer pela península que separa o oceano Atlântico da Lagoa dos Patos, dominando a vila de São José do Norte, ali localizada. Seria uma conquista estratégica, pois permitiria que a passagem de navios do Império fosse bloqueada e as entradas e saídas do porto de Rio Grande controladas.

Garibaldi foi escolhido para ser um dos condutores da tropa, composta por quase 1.200 homens. Enquanto marchavam rumo a São José do Norte, duas outras ações por terra seriam realizadas para confundir o inimigo e diluir suas forças de defesa. As tropas lideradas por Antônio Neto enfrentariam os legalistas situados na região de Camaquã, e as forças de Davi Canabarro se agitariam em torno de Porto Alegre, dando a entender que poderiam atacar a capital a qualquer momento, forçando a permanência atenta da guarda do Império.

Na penosa marcha rumo a São José do Norte, Garibaldi traçou e exigiu o cumprimento rigoroso do plano de vencer 25 milhas por dia. Era uma meta ousada, considerando-se a alimentação insuficiente dos soldados, o terreno alagadiço, o insistente vento gelado do inverno e a carga a ser transportada, incluindo dois canhões – que, em certo ponto, tiveram que ser abandonados.

Graças ao comando obstinado de Garibaldi, as tropas alcançaram o ponto extremo da península no prazo previsto, oito dias. A principal meta era atacar e assumir o controle do fortim imperial, que guardava muitos armamentos e munições. Mas o comando dos rebeldes – leia-se Bento Gonçalves – demorou a decidir-se pelo momento certo da invasão, de tal forma que houve tempo para que as forças legalistas soubessem da presença dos inimigos e se preparassem para isso.

Quando a invasão finalmente ocorreu, por volta da uma hora da manhã, os republicanos foram surpreendidos pela explosão premeditada do paiol de pólvora, que vitimou dezenas de homens das tropas rebeldes – cena que Garibaldi presenciou, tendo ele próprio escapado por pouco.

As tropas imperiais que guardavam a vila não se mostravam dispostas a ceder. Aquartelaram-se no forte, com grande quantidade de armamentos e munição, e dali mantiveram-se firmes na defesa da posição. Os combates se estenderam por toda a noite e invadiram a manhã, quando foi possível perceber que inúmeros cadáveres se espalhavam pelas ruas da pequena vila. Um verdadeiro cenário de horror.

Logo começariam a chegar os primeiros reforços imperiais, por terra e por mar. Percebendo que a situação começava a ficar fora de controle, Bento Gonçalves tentava encontrar uma forma de resolver rapidamente o conflito, pois considerava que estaria aí a única chance de os farrapos saírem vencedores. Por mais que discutisse com seus principais colaboradores, contudo, não encontrava uma solução viável.

Assim, os republicanos iniciaram, por volta do meio-dia, manobra de retirada – para revolta de Garibaldi, que considerou a decisão precipitada e covarde. Rossetti, seu inseparável companheiro e único dos seus grandes amigos a continuar vivo, concordou com ele, mas os dois foram voto vencido. Garibaldi credenciaria o fracasso, mais uma vez, às falhas da liderança.

> Nessa expedição sucedeu infelizmente o mesmo que tinha acontecido em Taquari. Preparada com admirável ciência e profundo segredo, perdeu-se todo o trabalho por se ter hesitado em dar o último golpe. […] Uma vez dentro dos muros, uma vez nas ruas de São José do Norte, os nossos soldados julgaram que tudo estava acabado e a maior parte se dispersou, arrastada pelo apetite da pilhagem. Durante esse tempo, os imperiais, voltando a si da sua surpresa,

reuniram-se num bairro que se achava fortificado. Aí os fomos atacar, mas repeliram-nos. Os chefes procuravam por todos os lados os soldados para continuar no ataque, mas era inútil, porque se encontravam alguns, eram carregados dos despojos ou bêbados, ou tendo quebrado os fuzis à força de despedaçar as portas das casas.

O conflito causara a morte de 180 homens do lado republicano, além de 150 feridos. Entre os legalistas, o estrago também havia sido considerável: 72 mortos e 87 feridos. Mas havia uma grande diferença na forma como cada um dos lados podia amenizar o sofrimento dos feridos. Do lado rebelde, não havia qualquer tipo de medicamento à disposição.

Ao verificar o estado lastimável das suas tropas, Bento Gonçalves tomou a decisão de mandar um enviado ao lado inimigo para pedir-lhe ajuda humanitária. O comandante dos legalistas, Soares de Paiva, atendeu ao pedido e autorizou o fornecimento de tudo o que fosse necessário para socorrer os rebeldes feridos. Comovido e sentindo-se em dívida, Bento Gonçalves decidiu libertar os cerca de 60 prisioneiros que havia feito. O ato foi interpretado por muitos como uma flexibilização do líder farrapo na direção de buscar um acordo para o final do conflito. Garibaldi e outros abnegados consideravam essa possibilidade absurda depois de tudo o que haviam enfrentado.

Os homens que restavam das tropas republicanas seguiram em marcha rumo a Viamão, rebatizada pelos revolucionários de Vila Setembrina. Garibaldi partiu, acompanhado de Anita e de alguns companheiros, em direção a São Luís de Mostardas, localidade espremida entre o oceano Atlântico e a Lagoa dos Patos. Havia, no vilarejo, não mais que 50 casas em torno da única rua. A missão era organizar ali a construção de canoas e outras pequenas embarcações que possibilitassem às tropas atravessar a lagoa.

Tudo conspirava contra, no entanto: não parava de chover e, com isso, Garibaldi tinha dificuldade para encontrar a forma mais adequada de realizar a tarefa. Havia um clima de desânimo no ar. Era um momento melancólico para o movimento. O fracasso em São José do Norte parecia representar o fim da última oportunidade de conquistar acesso ao mar, passo considerado fundamental para as intenções dos rio-grandenses. Qualquer coisa que se fizesse depois soava como tentativa meramente protocolar de estender ao máximo a sobrevida do movimento.

Nesse meio-tempo, foi declarada a maioridade de D. Pedro II, aos 14 anos. Pouco mais de um ano depois, ele seria coroado Imperador Constitucional e

Defensor Perpétuo do Brasil. Seus conselheiros acharam que era o momento de buscar uma aproximação com o Rio Grande do Sul, em nome da unidade da pátria. A população gaúcha ficou esperançosa de que a situação melhorasse a partir daí e o conflito finalmente chegasse ao fim.

NASCE O PRIMOGÊNITO

Se os nove meses de uma gravidez já costumam passar rapidamente em circunstâncias normais, para Anita e Garibaldi foi como um sopro. Quando os dois se deram conta, estava na hora de o bebê nascer. O parto se deu em Mostardas, um lugar distante de tudo e sem recursos, no dia 16 de setembro de 1840. Chegava ao mundo o pequeno Domenico Menotti, nome que Garibaldi escolheu para homenagear ao mesmo tempo o pai, Domenico, e o carbonário Ciro Menotti, um dos presos na revolução de 1820, condenado sumariamente à morte e enforcado pelas tropas austríacas.

Menotti, o original, fora mandado à guilhotina e a polícia não cumpriu a promessa de entregar à sua esposa, Cecchina, a comovente carta de despedida que ele escrevera momentos antes da sua execução. Só muitos anos depois, quando ela não estava mais viva, o documento seria descoberto e revelado. "Ficarás separada de meu corpo, mas a minha alma se unirá à tua para a eternidade. Pensa em teus filhos e vê neles o pai. Quando forem grandes, tu lhes dirás quanto amei a minha pátria", dizia um dos trechos.

O primogênito de Garibaldi e Anita nasceu com uma cicatriz na testa – resultado, possivelmente, de uma das várias quedas de cavalo que a mãe sofrera ao longo da gestação. Dez dias depois do parto, com Anita já totalmente recuperada, Garibaldi partiu para Vila Setembrina, a quase 100 km dali, em busca de agasalhos e mantimentos para a família. Estava totalmente sem recursos e contava com a ajuda de alguns italianos que viviam por lá, incluindo seu grande amigo Luiggi Rossetti, a quem ansiava contar a novidade sobre o nascimento do filho.

Foi uma viagem exaustiva e demorada, mesmo a cavalo, pois o terreno pantanoso atrapalhava consideravelmente a cavalgada. Ao chegar ao destino, Garibaldi conversou longamente com o amigo, que se mostrava desencantado com os rumos dos acontecimentos e o colocou a par dos movimentos de aproximação entre os líderes farrapos e os legalistas, no sentido de estabelecer um acordo de paz.

Menotti Garibaldi, primeiro filho
de Giuseppe e Anita.

Os dois falaram também sobre a situação da Itália, que começava a viver um período de otimismo, e sobre a saudade que sentiam da terra natal. Satisfeito por ter reencontrado o amigo e já abastecido do que necessitava, Garibaldi partiu de volta para sua família.

Justamente no breve período de ausência de Garibaldi, no entanto, chegou ao conhecimento dos moradores de Mostardas que tropas imperiais estavam se aproximando, com a missão de dissolver grupos republicanos que encontrassem pelo caminho. À frente dos soldados estava o temido Moringue, já recuperado do tiro no braço que levara quase seis meses antes num dos combates com os republicanos. Certamente desejava vingar-se de Garibaldi pela derrota em Arroio Grande.

Ao saber das notícias sobre a aproximação dos inimigos, Anita escapou com o bebê em busca de um esconderijo no mato. Fez isso em meio a uma tempestade que poderia comprometer a sua saúde e, principalmente, a do pequeno Menotti. Essa mesma tempestade retardava a volta de Garibaldi, causando grandes dificuldades para seu avanço.

Quando chegou ao local em que deixara Anita e Menotti, Garibaldi não os encontrou. Soube pelos moradores o que havia acontecido e saiu a procurar-lhes pelo mato, aos gritos, até ouvir a resposta de Anita, escondida com o filho em meio ao bosque. Foi, novamente, um reencontro emocionante. Mais do que nunca, Garibaldi percebia que estava ali tudo o que possuía na vida.

A família instalou-se numa modesta casa à margem do rio Capivari, onde Anita e o pequeno Menotti poderiam se recuperar por alguns dias, enquanto Garibaldi esperava por notícias sobre o destino do movimento. As negociações de paz não evoluíam conforme esperado, por conta principalmente da intransigência de alguns dos líderes revolucionários, como Antônio de Sousa Neto e Domingos José de Almeida, que exigiam condições pouco pertinentes àquele momento em que a derrota parecia cada vez mais iminente.

Exatos dois meses depois do ataque a Mostardas, Vila Setembrina foi invadida pelas tropas imperiais, lideradas mais uma vez por Moringue. Dessa vez, os republicanos que lá estavam não tiveram chance de escapar. Um dos mortos foi Rossetti, o mais fiel dos amigos de Garibaldi – ele não podia imaginar que a longa conversa do último encontro era, na verdade, uma despedida. Rossetti já não estava frequentando diretamente os campos de batalha. Havia se tornado o redator-chefe do jornal *O Povo*, órgão oficial do movimento farroupilha. Diante da necessidade de defender Setembrina, contudo, ele se sentiu impelido a subir em seu cavalo e lutar pela causa. Tombou atingido por um tiro e ainda assim tentou continuar em luta, sendo em seguida executado pelos inimigos.

Sempre ao lado de Anita e do pequeno Menotti, Garibaldi juntou-se às tropas lideradas por Davi Canabarro na retirada até Vacaria, última tentativa de manter a chama revolucionária acesa. Outros soldados republicanos estavam acompanhados das mulheres e filhos. Fazia frio e chovia. As condições do clima iam provocando algumas mortes pelo caminho. Primeiro uma mulher, deixando órfãos. Depois, uma criança. A tristeza parecia que jamais teria fim. Garibaldi deixou-se contaminar pelo clima de derrota:

> Essa retirada empreendida na estação invernosa, por um lugar montanhoso e debaixo de uma chuva incessante, foi a mais terrível e mais desastrosa que tenho visto. [...] Para a nossa desgraça ainda maior, os rios muitos próximos uns dos outros nessas florestas virgens engrossavam cada vez mais. A horrível chuva que nos perseguia não cessava de cair, acontecendo muitas vezes que uma parte dos nossos soldados se achavam entre duas correntes de água e aí ficavam privados de todo alimento, morrendo muitos de fome, principalmente as mulheres e crianças, que não podiam suportar tanto as privações. Era uma carnificina mais horrível do que a de uma sanguinolenta batalha. [...] Anita tremia com a ideia de perder o nosso Menotti, que foi salvo unicamente por milagre. Nos sítios mais perigosos e na passagem dos rios, conduzia o nosso pobre filho, de três meses de idade, suspenso ao meu pescoço por um lenço, podendo aquecê-lo deste modo com o meu alento.

Assim que finalmente chegou a Vacaria, depois de dez dias de caminhada na floresta, o grupo de Garibaldi se juntou à tropa liderada por Bento Gonçalves – que, com as perdas e deserções dos últimos tempos, estava reduzida a um terço da formação original. Foi quando Garibaldi soube da morte de Rossetti, notícia que o deixou tremendamente abalado.

Mas a perseguição por parte de Moringue continuava implacável, de tal forma que a fuga precisava continuar. Os revolucionários partiram rumo a Cruz Alta, e de lá para São Gabriel, onde acamparam. A vila foi declarada capital provisória da República – condição que, desde a perda de Piratini, havia se tornado transitória. O grupo começou a construir casas de madeira, considerando que ali estariam, por algum tempo, seguros das investidas dos adversários. Já havia começado o ano de 1841.

Cada perda de um amigo, somada à emoção e à responsabilidade trazida pelo nascimento do primeiro filho e à sensação de que não havia mais chance de sucesso para o movimento revolucionário, dava a Garibaldi a convicção de que estava chegando o momento de iniciar uma nova vida ao lado de Anita.

Ele percebia, também, que deixara de ser fundamental para o movimento, pois já não havia mais ações por água, sua grande especialidade. Pensando em tudo isso, foi conversar com Bento Gonçalves. Duas horas de negociação e ele acertou as condições de sua retirada. Ganharia, como compensação pelos serviços prestados, 900 cabeças de gado, que conduziria até o Uruguai para tentar vendê-las e assegurar, assim, o início de uma vida nova no país vizinho. Tudo o que viveu no Brasil jamais sairia de sua memória afetiva, no entanto:

Quando penso no Rio Grande, nessa bela província, quando recordo o acolhimento com que fui recebido no grêmio de suas famílias, onde fui considerado como filho; quando me lembro das minhas primeiras campanhas entre os vossos valorosos concidadãos e dos sublimes exemplos de patriotismo e abnegação que deles recebi, sinto-me verdadeiramente comovido. E este passado da minha vida se imprime na minha memória como alguma coisa de sobrenatural, de mágico, de verdadeiramente romântico!

Ao lado de Anita e do pequeno Menotti, Garibaldi iniciou uma longa caminhada – mais de 600 km, partindo de São Gabriel – para conduzir o gado até o Uruguai. Mesmo tendo contratado alguns peões com experiência na tarefa, houve muitas perdas e desvios no trajeto. Mas a maior preocupação durante a viagem não estava no gado, e sim em proteger o pequeno Menotti. Garibaldi carregou o bebê o tempo todo num lenço amarrado à altura do peito, para mantê-lo aquecido com o calor do próprio corpo.

Em maio de 1841, quando chegaram ao destino, havia apenas 300 cabeças. E os animais remanescentes encontravam-se tão magros que nenhum interesse poderiam despertar entre os compradores em potencial. Como não tinha recursos para aguardar que o gado recuperasse as boas condições com uma alimentação adequada, Garibaldi decidiu abatê-lo e assegurar ao menos algum dinheiro com a venda dos couros. Boa parte do valor arrecadado foi, no entanto, destinada a pagar os homens que contratara. A vida nova teria que começar praticamente da estaca zero.

O Uruguai mudara bastante desde a tumultuada passagem anterior de Garibaldi pelo país. Em junho de 1838, após uma guerra civil, Manuel Oribe havia sido substituído na presidência pelo rival Fructuoso Rivera, que voltava ao poder depois de ter sido o primeiro presidente da República, entre 1830 e 1834, logo após o país conquistar sua independência – livrando-se das aspirações de Espanha, Portugal, Brasil e Argentina de tê-lo sobre sua posse. Como Rivera decretara anistia aos presos políticos, Garibaldi podia tranquilizar-se em relação à antiga ordem de prisão contra ele.

Oribe estava se aproximando do ditador argentino Rosas, que em 1835 chegara pela segunda vez ao governo da província de Buenos Aires. Rosas era um opositor ferrenho da influência europeia na América do Sul e planejava integrar o Uruguai a um governo único e ditatorial que controlasse toda a região do rio da Prata.

Era um projeto que vinha de longe. Ao aderir à Revolução de Maio de 1810, liderada por Artigas em Buenos Aires, os cisplatinos se mostraram interessados em integrar as Províncias Unidas do Prata, mas em condições de igualdade com a Argentina. Uma das exigências, para isso, seria o estabelecimento de uma capital neutra, que não fosse Buenos Aires, para que Montevidéu não se sentisse coadjuvada pela rival. Esse foi um dos pontos que impediu a evolução do acordo, pois Buenos Aires não admitia perder a condição de capital. Logo a monarquia brasileira também passaria a cobiçar abertamente o protagonismo no continente.

Não restou alternativa ao Uruguai a não ser lutar para se tornar uma nação livre e soberana – condição que, de certa forma, passou a funcionar também como um ponto de equilíbrio na relação entre Brasil e Argentina.

O Uruguai era um país economicamente pouco desenvolvido, que dependia muito da pecuária. Ao todo, somava não mais que 100 mil habitantes. Mas vivia uma fase de progresso, graças em grande parte ao comércio em torno do porto de Montevidéu. Era essa concorrência que incomodava a Argentina e atrapalhava os planos expansionistas de Rosas, pois os vizinhos haviam desenvolvido uma ligação comercial mais sólida com a França, grande potência econômica da época. Parte dessa condição foi conquistada pelo fato de o porto de Montevidéu ser mais protegido do vento e com mar menos revolto que o de Buenos Aires. O ditador argentino pretendia resolver o problema da forma mais simples: dominando os dois portos.

LÍDER DA ARMADA URUGUAIA

Em Montevidéu, Garibaldi, Anita e o pequeno Menotti foram calorosamente recebidos na casa de Napoleone Castellini, carbonário italiano e ex-companheiro de lutas na Revolução Farroupilha, que Garibaldi conhecera tão logo chegara ao Rio de Janeiro. O amigo estava bem instalado na capital uruguaia, onde se estabelecera como comerciante – uma de suas atividades era fornecer gado e armamentos para os farroupilhas.

A capital uruguaia era uma cidade tranquila e bonita – parecia mesmo ser o lugar perfeito para o recomeço que o casal planejava. Anita sentia-se feliz com as perspectivas que se abriam. Vislumbravam um futuro, assim como qualquer outra família. Garibaldi estava decidido a ter um emprego comum, enquanto ela cuidaria de Menotti e dos outros filhos que certamente viriam.

As dificuldades iniciais no novo país eram compensadas pelos reencontros com antigos amigos, como Giovanni Cuneo, que publicava em Montevidéu um jornal direcionado à colônia italiana, o *L'Italiano*. Além das lembranças da pátria, a publicação, bancada pelas contribuições dos italianos em melhores condições financeiras, difundia as ideias republicanas.

As novas amizades do casal incluíam italianos integrantes da Carbonária – Anita gostaria que não houvesse mais esse tipo de influência sobre Garibaldi, mas não podia impedi-lo de se relacionar com os compatriotas. Foi graças à indicação de um desses novos amigos que ele conseguiu um emprego como professor de História e Matemática, algo que lhe possibilitou deixar a casa de Castellini e alugar um pequeno quarto em uma casa próxima ao Portón de la Ciudadela, entrada dos antigos muros que cercavam a cidade.

Para assegurar o direito de um dia voltar legalmente ao Brasil, Garibaldi foi orientado pelo encarregado de Negócios Brasileiros em Montevidéu, José Dias da Cruz Lima, a escrever uma declaração pedindo anistia ao imperador. Na carta, ele afirmou que, embora tenha participado da Revolução Farroupilha, não fazia mais parte daquele movimento e se comprometia a não integrar qualquer tipo de organização contra o Império, dedicando-se dali em diante exclusivamente ao "comércio em geral".

Era provável, mesmo, que Garibaldi pudesse ganhar um salário melhor em algum tipo de comércio. Ele sabia, no entanto, que não tinha vocação para vendedor. Ser professor também não era um trabalho fácil, pois seus conhecimentos sobre as duas disciplinas que se propunha a ensinar eram genéricos e imprecisos. Temia transmitir informações erradas às crianças. Por isso passava boas horas preparando as aulas – com prazer especial no caso de História, pois adorava mergulhar no passado.

Para aumentar a renda, já que o salário de professor era baixo, Garibaldi tratou de conseguir um emprego adicional, como fiscal de cargas no porto. Com isso, voltou a ter contato próximo com as embarcações italianas que chegavam ao Uruguai, sempre trazendo notícias recentes sobre a situação na Europa. Quando encontrava alguém de Nizza, perguntava sobre seus familiares. Foi assim, pela voz de um marinheiro que conhecia da sua cidade natal, que ficou sabendo da morte do pai, Domenico, ocorrida no dia 3 de abril de 1841.

Em 26 de março de 1842, Garibaldi e Anita se casaram na igreja de São Bernardino, em Montevidéu. A cerimônia foi muito mais resultado da pressão da dona da casa que o casal estava alugando do que a realização de um projeto romântico. Quando soube que aquela união não contava com a bênção de Deus, que considerava indispensável, a mulher ameaçou despejá-los. Para realizar o casamento, eles evidentemente ocultaram o fato de Anita ser casada com outro homem no Brasil.

O sossego do casal mais uma vez não se prolongou por muito tempo. Afinal, Garibaldi chegara ao país justamente no momento em que a independência do Uruguai estava sendo ameaçada pelas pretensões do ditador argentino Rosas. A invasão do pequeno país era considerada apenas uma questão de tempo e o Uruguai precisava estar preparado.

Todas essas movimentações acentuaram a polarização em curso no Uruguai, que se dividiu entre dois partidos políticos – os colorados, comandados por Rivera, e os blancos, por Oribe.

Rivera estava prestes a declarar guerra oficialmente à Argentina, apoiado pelo governador da província argentina de Corrientes, Pedro Ferré, que não concordava com a sanha conquistadora do ditador. Sabendo da presença no país de um homem como Garibaldi, tão experiente em conflitos, o governo do Uruguai o consultou sobre a possibilidade de assumir o comando da sua esquadra de guerra.

O cargo era até então ocupado pelo norte-americano John Coe, discípulo do comandante contratado pela Argentina, o velho e respeitado marinheiro irlandês William Brown – que, aos 65 anos, era um verdadeiro mito dos mares. Os uruguaios consideravam que o simples fato de ter na liderança de sua esquadra um pupilo do comandante da armada rival já era suficiente para provocar um efeito devastador sobre o ânimo de suas tropas.

"A República Oriental me ofereceu depressa uma ocupação mais adequada à minha índole. Foi-me oferecido, e eu aceitei, o comando da corveta de guerra Constitución", descreveu Garibaldi. Ele recebeu o convite com indisfarçável alegria, pois seu espírito revolucionário não estava adaptando-se à vida normal que vinha levando. Além do mais, o novo cargo representaria um aumento significativo nos seus vencimentos em relação à soma dos seus empregos como professor e fiscal.

Apesar de tudo isso, Anita tentou demovê-lo da ideia de aceitar a proposta. Ela sonhava com uma vida tranquila e Garibaldi havia prometido que proporcionaria isso à família. Mas ele argumentava que Rosas era um tirano e que lutar contra a tirania havia se tornado o grande objetivo de sua vida, como Anita bem sabia ao conhecê-lo.

Além do mais, havia um motivo adicional para aderir à luta a favor do Uruguai: a lealdade à Revolução Farroupilha. O Uruguai estava sendo apoiado pela sôfrega República Rio-grandense. Os dois lados acertaram as condições de um acordo oficial. Em troca do apoio moral e efetivo, que incluiu a cessão de 500 homens para as lutas contra a Argentina, o Uruguai reconheceria a independência do governo de Piratini e prometia dar liberdade de movimentação, em seu litoral, às embarcações oriundas da república vizinha. Assim, aceitar o convite seria também uma forma de continuar colaborando com a República Rio-grandense, mesmo depois de ter se desligado oficialmente do movimento.

A tensão entre Argentina e Uruguai aumentou quando outras províncias argentinas além de Corrientes – Santa Fé, Entre Ríos e Buenos Aires – decidiram se opor oficialmente a Rosas. Essas províncias estabeleceram uma liga que se unia ideologicamente à República Uruguaia e aos rebeldes rio-grandenses. Foi a criação dessa liga o estopim para que a Argentina declarasse guerra contra o Uruguai.

Com 18 canhões, a corveta Constitución, cujo comando foi assumido por Garibaldi, era um dos três componentes da minúscula esquadra da marinha uruguaia, comprados com dinheiro recolhido de contribuições da população diante da ameaça argentina. As outras chamavam-se Pereyra e Procida. Nenhuma dessas embarcações havia sido originalmente construída para enfrentar uma guerra – todas eram cargueiros adaptados, sendo que a Procida se limitava à condição de transportar mantimentos, munição e equipamentos.

Tão logo assumiu o novo cargo, Garibaldi tornou-se o personagem central de um incidente diplomático ao mandar apreender uma embarcação comercial brasileira que trafegava irregularmente pelo litoral uruguaio. O comendador João Francisco Régis, que havia substituído Cruz Lima no cargo de encarregado de Negócios do Brasil em Montevidéu, protestou junto ao governo uruguaio, que determinou a imediata devolução do barco.

Como a ordem demorava a ser cumprida, Régis fez novo protesto, dessa vez provocando acintosamente a Garibaldi. Citou aquele que talvez fosse o seu maior desafeto, responsável pela derrocada da República Juliana, em Laguna. "O proprietário do bote conveio em receber seu valor; mas se não lho pagarem, tenciono requisitar ao chefe Mariath de entender-se com Garibaldi", escreveu Régis em novo comunicado ao governo uruguaio.

A tensão explodiu de vez quando Garibaldi soube que, num discurso, Régis o havia descrito como "um reles aventureiro e ladrão". O revolucionário italiano procurou o comendador brasileiro para perguntar se confirmava tais afirmações e, diante de resposta positiva, o desafiou para um duelo – proposta recusada pelo outro, sob alegação de que sua posição diplomática não permitia arroubos do gênero.

Ao ser chamado por Garibaldi de covarde, Régis acrescentou que, como oficial da armada brasileira, seria degradante se submeter a um duelo contra um homem que era fugitivo na Itália e tornara-se um pirata fora da lei na América do Sul. Garibaldi tentou agredi-lo, mas foi contido por funcionários da embaixada brasileira e retirado do consulado.

Baseado na versão de que estava sendo ameaçado de morte, Régis pediu a demissão de Garibaldi ao ministro dos Negócios Estrangeiros do Uruguai e sua expulsão do Uruguai. Se não fosse atendido, ele deixaria o país. Passados alguns dias sem qualquer resposta ou ação do governo uruguaio, o diplomata cumpriu o prometido e voltou ao Brasil, acompanhado de um grupo de brasileiros e também dos cônsules da França e de Portugal, que demonstravam-lhe solidariedade.

O governo brasileiro estava mais preocupado com a cobiça de Rosas e achava interessante ter um homem como Garibaldi lutando contra o ditador argentino. Enviou o comendador Lins Vieira Cansanção de Sinimbu, alagoano reconhecido pela habilidade como negociador, para administrar a crise em Montevidéu. Tudo ficou resolvido na conversa, com o governo brasileiro fazendo vistas grossas aos melindres de Régis – que, substituído no seu cargo, ficou desmoralizado com o desfecho do episódio.

SURGE A LEGIÃO ITALIANA

No dia 23 de junho de 1842, a pequena esquadra sob comando de Garibaldi começou a subir o rio Paraná com a missão de chegar à província de Corrientes. A ideia era se juntar aos insurgentes locais, abastecendo-os de armas e munições, criando assim uma nova preocupação para Rosas e afastando-o do objetivo de invadir Montevidéu. Garibaldi determinou aos seus comandados que os navios comerciais argentinos que fossem encontrados pelo caminho deveriam ser saqueados.

Agora mãe, Anita deixara de ser a companheira de todas as aventuras do marido – desta vez ficara em Montevidéu, sob o cuidado de amigos do casal. Ela se aproximou nesse período da primeira-dama uruguaia, Bernardina, esposa do presidente Fructuoso Rivera. Bernardina a convidava para reuniões entre mu-lheres em situação semelhante – esperar pelo retorno dos maridos em combate.

Anita se angustiava com a falta de notícias de Garibaldi – e os perigos estavam mesmo sendo constantes para ele. Quando a Constitución encalhou e estava sendo auxiliada pela Procida, na tentativa de recolocá-la em condições de navegação, Garibaldi e seus homens foram surpreendidos pelo ataque de sete embarcações da Marinha argentina.

O revolucionário enfrentava, mais uma vez, situação de grande desvantagem durante um combate. Já aprendera que o primeiro passo obrigatório, nessas cir-cunstâncias, era manter a calma e a determinação de que seria possível superar inimigos em maior número e com armamento mais potente.

Por sorte, o principal barco argentino, o Belgrano, com 22 canhões, tam-bém encalhou no mesmo banco de areia que detivera a Constitución. E um forte nevoeiro começou a se formar, dando tempo a Garibaldi para completar a operação de desencalhe do seu barco e executar uma estratégia emergencial de fuga pelo rio Paraná. "A sorte, assim como a desgraça, não chegam sozinhas", costumava dizer Garibaldi. "Quando o inimigo conseguiu fazer o Belgrano flutuar, ignorando o destino que havíamos tomado, pôs-se a perseguir-nos no rio Uruguai, onde não tínhamos entrado, desperdiçando assim vários dias antes de se dar conta do nosso verdadeiro rumo", descreveu.

Não tardou, no entanto, para que a Constitución não conseguisse mais evoluir em sua navegação pelo rio Paraná, pois se deparou com um trecho raso demais para o seu calado. Era uma situação delicada, pois a esquadra argentina certamente estava em seu encalce. Se decidisse retornar, Garibaldi fatalmente encontraria os inimigos pelo caminho. A única alternativa era armar uma estra-tégia para enfrentá-los naquele ponto mesmo.

Ter algum tempo para analisar a situação era uma vantagem, ainda que houvesse por parte de Garibaldi um imenso respeito pelo comandante rival. "A esquadra que ia me atacar era comandada pelo almirante Brown. Sabia, pois, que tinha de tratar com um dos mais hábeis marinheiros do mundo", descreveu Garibaldi em suas *Memórias*. Assim ele se preparou para o inevitável combate:

> Na margem esquerda do Paraná, perto do banco que nos impedia de continuar navegando para cima, num ângulo pegado à costa, onde havia suficiente profundidade, coloquei uma linha de embarcações, principiando por um iate mercante armado de quatro canhões e deixando o Pereira ao centro e a Constitución à esquerda. Era uma linha perpendicular à direção

do rio, em cuja extremidade ficava a bateria esquerda da corveta, de mais canhões e de maior alcance. Opunha-se assim ao inimigo a maior força possível. Dispor assim as coisas me custou muito trabalho, pois a correnteza, embora reduzida no ponto escolhido, nos obrigava a empregar todas as correntes, âncoras e cabos para manter os barcos parados, principalmente a Constitución, que calava 18 pés.

No amanhecer do dia 15 de junho de 1842, os barcos argentinos se aproximaram lentamente do ponto em que se encontrava a esquadra uruguaia, mas a vazante dificultava a movimentação. Muitos homens tiveram que descer à margem do rio para ajudar a puxar as embarcações, situação que motivou os primeiros combates, em terra, entre as duas forças. Garibaldi havia previsto essa dificuldade dos inimigos e posicionado seus homens para atacar os "barranqueiros", como eram chamados os marinheiros que exerciam essa função.

Cumpria-se, assim, a meta de dificultar ao máximo a evolução do inimigo. Mas chegou o momento inevitável em que os canhões argentinos se aproximaram, a ponto de efetuarem os primeiros disparos. Brown surpreendeu-se, entretanto, ao encontrar uma resistência maior do que imaginava. Paciente e matreiro, ele não determinou a abordagem imediata das embarcações adversárias, apostando na redução progressiva dos seus recursos.

Os homens de Garibaldi demonstravam brio extraordinário e até mesmo irresponsável. Um deles, o argentino Arana Urieste, cego de um olho por conta de combates anteriores, decidiu tentar, sozinho e à revelia das ordens de seu comandante, tomar o controle de uma das embarcações inimigas, a corveta Echangüe. Foi morto e teve o corpo pendurado e esquartejado pelos inimigos – para contrariedade de Brown, que só tomou conhecimento desse episódio ao final do combate e quis saber quem eram os responsáveis pela profanação do cadáver, com a intenção de puni-los.

Ao final de três dias da chamada Batalha de Costa Brava, referência ao nome como a região era conhecida, as três embarcações uruguaias estavam de fato destruídas e sua munição havia chegado ao fim. Os canhões eram abastecidos com pregos, pedaços de madeira e de corda, para dar ao inimigo a sensação de que havia ainda alguma resistência. Mas a derrota, confirmação de um prognóstico lógico, era iminente.

Foi justamente por prever o desfecho que Garibaldi repetira a estratégia de se posicionar o máximo possível perto da costa, facilitando dessa forma um eventual desembarque emergencial. Repetindo os procedimentos adotados em

Laguna, mandou incendiar as embarcações sob seu comando, enquanto escapava para terra com seus homens.

> No fim do terceiro dia, não possuindo um único projétil e tendo já perdido metade dos meus homens, lancei fogo aos três navios, enquanto, debaixo de fogo inimigo, ganhávamos a terra, levando as nossas espingardas e alguma pólvora. Os feridos que ainda davam alguma esperança também foram transportados. Pusemo-nos a andar através do deserto, vivendo de algumas provisões que tínhamos levado e do que podíamos alcançar pelo caminho. Reunimo-nos aos fugitivos e, depois de cinco ou seis dias de lutas, combates e privações, de que ninguém pode formar ideia, entramos em Montevidéu, levando intato o que eu tinha julgado que perderíamos: a honra!

Alguns dias mais tarde, jornais de Buenos Aires noticiaram que dezenas de prisioneiros argentinos haviam morrido nos barcos incendiados, por estarem amarrados e não terem tido a oportunidade de escapar. Acusavam Garibaldi de ter ordenado tamanha desumanidade. Não ficou claro se tal informação era verdadeira ou apenas propaganda de guerra.

Em fuga por terra, Garibaldi recebeu instruções para seguir até as proximidades de Paysandu, onde se uniria ao restante das tropas comandadas por Rivera depois do combate em Arroio Grande. De lá, partiriam de volta a Montevidéu para ajudar na defesa da cidade, para onde Oribe se encaminhava com seu exército de 14 mil homens, reforçado pela esquadra do almirante Brown.

Oribe imaginava que seria fácil invadir e dominar a capital uruguaia, que conseguiu reunir não mais que 9 mil homens para enfrentar todo esse poderio, incluindo um grande número de escravos convocados emergencialmente para participar da luta em troca da promessa de liberdade. Mas a resistência seria surpreendente e heroica.

Muitos dos estrangeiros que viviam em Montevidéu estavam prosperando graças ao comércio com a Europa e se dispuseram a defendê-la, principalmente depois que Oribe anunciou que todos do outro lado seriam tratados da mesma forma, independentemente da nacionalidade – ou seja, não haveria diferença entre uruguaios e estrangeiros no que dizia respeito a bens confiscados, por exemplo.

Atitudes como essa só fizeram despertar a solidariedade e o brio dos estrangeiros, que começaram a se organizar em torno de legiões para combater o inimigo em comum. A Legião Francesa logo reuniu mais de 2 mil voluntários, enquanto os espanhóis apresentaram-se em número próximo de 700. A Legião Italiana, que naturalmente ficou sob comando de Garibaldi, atraiu inicialmente cerca de 400 homens, entre exilados políticos e aventureiros dos mais diferentes tipos.

Para conseguir organizar e disciplinar um grupo composto por homens que, em sua maioria, não estavam habituados à hierarquia e a receber ordens, Garibaldi contou com a imprescindível ajuda de Francesco Anzani, que também havia deixado a Itália ameaçado de prisão por compartilhar os ideais de Mazzini e chegado ao Uruguai após um período lutando ao lado dos farrapos no Rio Grande do Sul.

Em péssimas condições financeiras, o governo uruguaio não tinha como oferecer um soldo aos integrantes da Legião Italiana, transformando o alistamento em um ato realmente voluntário. O grande combustível do grupo era o idealismo, apoiado na crença de que estavam vivendo, no Uruguai, uma etapa preparatória para a futura libertação da Itália – espécie de estágio probatório para as dificuldades ainda maiores que certamente se apresentariam no retorno à pátria.

A cor vermelha do uniforme da Legião Italiana, que se tornaria célebre, foi adotada por acaso. As peças foram tomadas de um navio argentino que transportava os uniformes destinados a um matadouro – o vermelho é tradicionalmente usado nesses estabelecimentos para disfarçar as manchas de sangue dos animais. Dali em diante, os legionários se tornariam conhecidos como os "camisas vermelhas", e a cor seria adotada em definitivo por Garibaldi como um de seus símbolos. Já a bandeira da Legião Italiana era preta, com o desenho do Vesúvio em erupção, referência ao mesmo tempo a um símbolo geográfico da Itália e ao sentimento latente de revolta encontrado entre a população.

A França e a Inglaterra, grandes potências da época, deixaram de ser imparciais em relação ao confronto quando perceberam que seus interesses comerciais poderiam ser prejudicados. Colocaram-se a favor do lado mais frágil, o Uruguai. O ministro inglês das colônias, lorde Aberdeen, enviou um comunicado aos líderes argentinos avisando que, dali em diante, Montevidéu ficaria sob proteção das esquadras inglesa e francesa.

Rosas repudiou a interferência das potências. Os embaixadores dos dois países deixaram Buenos Aires, transferindo-se para Montevidéu, de onde passaram a agir, em associação às forças uruguaias, no sentido de combater as pretensões argentinas.

Com a volta para Montevidéu, Garibaldi reviu Anita e o pequeno Menotti depois de oito meses distante. Ela compreendia a dedicação do marido à causa, mas não escondia a insatisfação com a vida que estava levando. Garibaldi continuava sempre longe de casa, correndo o risco constante de perder a vida ou de sofrer graves ferimentos, e ainda assim o soldo que recebia não era suficiente para proporcionar uma vida minimamente confortável à família.

O fato de Garibaldi andar sempre com o poncho, uma manta que recobre o dorso – hábito que trouxera do Rio Grande do Sul –, tinha uma explicação prática. Era uma forma de ocultar o estado lastimável das suas roupas.

Ele sempre demonstrara desapego a bens materiais e, ao longo da sua trajetória, consolidou a fama de incorruptível. Em meio ao conflito com o Uruguai, o ditador argentino Rosas, conhecendo apenas a fama de "mercenário" que os detratores de Garibaldi faziam questão de divulgar, tentou comprá-lo com a oferta do comando da esquadra de Buenos Aires e um presente adicional de 30 mil dólares, uma verdadeira fortuna, paga à vista. Garibaldi recusou, mas fez questão de espalhar aos sete ventos que havia recebido tal oferta.

O embaixador inglês Ausely registrou as boas impressões que teve de Garibaldi nesse período, especialmente no que dizia respeito à honradez:

> Como comandante das forças militares de Montevidéu, tinha sido posto, por ordem de seu governo, à disposição dos almirantes francês e inglês. Para pôr a frota uruguaia em condições de combater, foi necessário, então, entregar a Garibaldi armas e munições ou, pelo menos, os meio de as obter. O encargo de prover às necessidades da esquadra coube ao comandante francês e a mim. Fiquei incumbido de fazer as remessas mensais a Garibaldi e de verificar as suas contas. […] Era natural que, antes de conhecer esse homem honrado, sentisse uma certa desconfiança e usasse de toda espécie de métodos para controlar suas contas e me convencer, por bons meios, de que as despesas eram efetuadas como convinha. De cada prova, sua honra saía sem mácula, cada verificação mostrava seu excelente caráter.

A penúria na casa de Garibaldi era tanta que as noites em casa tinham que ser passadas em meio à escuridão, já que a ração básica fornecida aos familiares dos oficiais deixara de incluir velas, por não considerá-las produto de primeira necessidade.

Certa noite, o comandante da esquadra francesa, Jean Pierre Lainé, decidiu visitar Garibaldi. Encontrou a família em completa escuridão. Garibaldi recebeu o visitante que batia à porta e, diante das circunstâncias, só foi reconhecido quando se apresentou. Para amenizar o impacto da cena, Garibaldi fez uma piada: "Por felicidade, suponho que sua vinda até aqui foi para conversar comigo, não para me ver."

Lainé ficou tão desconcertado ao encontrar a família de um verdadeiro herói como Garibaldi naquela penúria que procurou representantes do governo que pudessem de alguma forma intervir. Dias depois, Garibaldi recebeu em sua casa a remessa de uma quantia de dinheiro que o mensageiro informou ser destinada à compra de velas, mas que na verdade era suficiente para muito mais do que isso.

Garibaldi comprou as velas apenas na quantidade necessária e distribuiu o restante do dinheiro entre as viúvas dos legionários que haviam padecido em combate. Anita não deixou de demonstrar contrariedade com essa atitude, pois achava que era o momento de o marido começar a pensar um pouco mais em si mesmo e nos seus. Esses sentimentos se tornaram ainda mais latentes depois que ela engravidou mais uma vez. Em novembro de 1843 nasceria Rosa, a Rosita, cujo nome era uma homenagem à mãe de Garibaldi.

Como se não bastassem todas as preocupações e dissabores de Anita, havia ainda o ciúme a atormentá-la: ela sabia muito bem que Garibaldi acumulava uma legião de fãs no Uruguai. Chegou a exigir que ele cortasse os longos cabelos, por considerar esse um dos seus principais encantos.

A DEFESA DE MONTEVIDÉU

O sítio de Montevidéu pelos argentinos tornou-se um dos mais longos da história das guerras – se estenderia por mais de oito anos, de fevereiro de 1843 a outubro de 1851. Não por acaso, Montevidéu ganharia o apelido de Nova Troia – referência ao cerco de dez anos ocorrido na mitológica Guerra de Troia, descrita na *Ilíada*, poema de Homero. Toda a população da cidade acabaria participando de alguma forma de sua defesa. Enquanto a indústria local se voltava à produção de armas e munições, mulheres e crianças ajudavam a cavar as trincheiras.

Não era uma situação inédita para Montevidéu, que nascera sob a vocação da defesa. A fundação da cidade, no início do século XVIII, tinha o objetivo principal de deter o avanço português a partir da vila de Colonia del Sacramento, estabelecida em 1680. Para isso, o governador de Buenos Aires, Maurício de Zabala, planejou o desenvolvimento de um porto fortificado, cercado por fossos e muralhas, muitas das quais ainda permaneciam de pé, para ajudar a proteger a cidade.

De acordo com o plano traçado em conjunto com os almirantes da França e da Inglaterra, Garibaldi deveria dar toda a prioridade a assegurar o abastecimento da população de Montevidéu, primeiro requisito em uma guerra longa. Era preciso fazer com que os mantimentos continuassem chegando à cidade, o que incluía os mais diversos artifícios para desviar a atenção dos inimigos e sabotar suas ações.

Enquanto se dedicava às suas atribuições no Uruguai, Garibaldi vez ou outra recebia, com tristeza, notícias sobre o movimento farroupilha no Rio Grande do Sul. No dia 14 de novembro de 1844, o coronel Francisco Pedro de Abreu, o Moringue, liderou um ataque contra as forças comandadas por David Canabarro que resultou em mais de 500 baixas no lado republicano, entre mortos, feridos e prisioneiros. Esse confronto, que ficou conhecido como Batalha de Porongos, foi decisivo para que a Revolução entrasse na fase de agonia.

Não tardaria para que Garibaldi soubesse da morte do coronel Joaquim Teixeira Nunes, um dos homens que mais admirava. Durante um combate contra as forças imperiais no Arroio Grande, duas semanas depois da Batalha de Porongos, Teixeira Nunes foi atingido por uma lança e em seguida degolado. Dois meses depois, no dia primeiro de março de 1845, seria assinado o Tratado do Poncho Verde, selando oficialmente a paz entre o Império e os farrapos, ao final de quase uma década de conflitos – que, estima-se, tenham vitimado quase 50 mil pessoas.

Naquele mesmo mês de março de 1845, Garibaldi tornou-se novamente pai. Nascia Teresa, desde o primeiro dia chamada de "Teresita", diminutivo carinhoso que a menina carregaria pelo resto da vida. Seu nome era uma homenagem à irmã caçula que Garibaldi perdera num trágico incêndio.

Tudo isso ocorria em meio a grandes batalhas envolvendo a Legião Italiana, como parte da defesa de Montevidéu. Numa delas, a Batalha do Cerro – referência ao monte localizado em frente à cidade, sede de uma fortaleza cujo domínio era estratégico para os planos de ambos os lados –, os inimigos estavam entrincheirados num fosso e havia um grande campo aberto diante deles. A única referência no cenário era uma casa, a cerca de 100 metros das tropas argentinas. Garibaldi determinou aos seus soldados que corressem repentinamente até a casa, sob fogo cruzado – e partiu à frente, diante do sinal combinado. Uma vez protegidos pela casa, ordenou um ataque de baionetas à tropa inimiga – que, espantada com tamanha obstinação, decidiu se render em conjunto.

Naquele dia, a Legião Italiana precisava vencer. Pouco importava que muitos dos nossos fossem feridos; avançávamos decididamente. Por fim, quando chegamos ao alcance das baionetas do inimigo, ele fugiu, e nós continuamos a persegui-lo. O centro e a ala esquerda também foram vitoriosos, de modo que fizemos 42 prisioneiros inimigos. A partir daquele dia, a Legião Italiana seguiu sua carreira gloriosa, causando admiração em todos.

A Batalha de Las Tres Cruces se deu em torno da determinação de Garibaldi em resgatar um companheiro, o coronel José Neira, natural de Montevidéu, que havia sido atingido e caiu do cavalo – sem que ninguém soubesse, a princípio, se estava ferido ou morto. Assim que viu a cena, Garibaldi ergueu sua espada e gritou aos seus homens para que não deixassem os inimigos levar a cabeça de Neira como um troféu. Partiu em cavalgada rumo ao local onde o companheiro se encontrava, dando início a nada menos que oito horas de combate intenso.

Nessa batalha, a Legião Italiana recebeu, depois de algum tempo, o reforço de um batalhão do exército uruguaio. Dos 600 homens sob comando de Garibaldi, 60 morreram no conflito, incluindo Neira – cujo corpo foi, enfim, resgatado no final da tarde pelas tropas de Garibaldi, fazendo com que ambos os exércitos finalmente se dispersassem. As perdas do outro lado foram semelhantes.

Apesar das baixas, cada batalha superada dava um ânimo extra aos legionários e abalava a confiança dos oponentes. "A Legião Italiana chegou a ter tal influência sobre as tropas inimigas que, quando a viam avançar às baionetas, não a esperavam ou, se a esperavam, eram ao fim destruídas", descreveu o revolucionário italiano, com certo exagero.

O saque da cidade argentina de Gualeguaychú foi um desses combates vencidos muito mais com a força moral do que propriamente com o poder de fogo. Garibaldi desembarcou com seus homens a 2 km da região central do povoado e seguiu para dominá-lo, com o objetivo de tomar posse do dinheiro e outros bens dos prósperos comerciantes ali estabelecidos. O comandante das forças locais, Eduardo Villagra, nem esboçou reação. Simplesmente se entregou e permitiu que os invasores pegassem o que quisessem durante dois dias, período de verdadeiro pânico para os 4 mil habitantes da cidade.

Garibaldi se reencontrou nessa ocasião com ninguém menos que Leonardo Millán, o homem que o havia torturado quando preso ali perto, em Gualeguay. O inimigo foi mantido preso durante a permanência da Legião Italiana, assim como os demais integrantes das forças policiais locais, mas ao final foi libertado sem atos de vingança por parte de Garibaldi. "Soltei-o, sem lhe fazer mal algum, deixando-lhe como única punição o medo que havia tido ao reconhecer-me", afirmou o italiano.

Em agosto de 1845, Garibaldi e seus homens começaram a subir o rio Uruguai com a missão de conquistar portos sob domínio das forças de Oribe. Para invadir Salto, cidade de 10 mil habitantes estrategicamente localizada entre o território uruguaio e as províncias argentinas de Entre Ríos e Corrientes, seria preciso derrotar o exército de 700 soldados comandados pelo coronel Manuel Lavalleja, homem de confiança de Oribe.

Em meio ao combate, que evoluía com franca vantagem para a Legião Italiana, Lavalleja se viu obrigado a ordenar uma retirada emergencial e desordenada. Muitos prisioneiros foram feitos nessa ocasião, incluindo a esposa de Lavalleja e outros membros de sua família. Mas Garibaldi fez questão libertar os familiares do comandante inimigo, ordenando que fossem levados a um local em que pudessem ser resgatados com segurança.

Dominada pela Legião Italiana, a vida em Salto voltava aos poucos à normalidade. Durante a permanência na cidade para guardar a posição conquistada, Garibaldi sofreria um imenso baque, no entanto. Foi quando tomou conhecimento de que, apenas quatro dias antes do Natal, a pequena Rosita havia morrido. Aos 2 anos, a menina sofreu uma infecção na garganta que se complicou e levou à insuficiência respiratória. Desconfiou-se de escarlatina, epidemia que acometia a cidade sitiada.

Garibaldi recebeu a notícia de forma fria, numa carta do ministro da Guerra: "Vossa filha morreu. De todas as maneiras, deveis sabê-lo."

> Eu o havia de saber, sim, e como não inteirar-me? Amava tanto a essa criatura minha, haveria me afligido por ela em qualquer caso; porém, desse modo, sacudiu-me dolorosamente... Rosita era uma belíssima, uma queridíssima menina. [...] Extinguiu-se sobre os joelhos da mãe, como se extingue ante nossos olhos no infinito a luz do sol, paulatinamente, docemente, afetuosamente. Morreu sem lamentar-se, suplicando à mãe que não se afligisse... que se voltariam a encontrar em breve, para não separar-se nunca mais. Tão sinceras, tão verídicas, tão gravadas no seu espírito me pareceram as últimas palavras da filha à mãe, relatadas por minha Anita, quando chegou ao Salto, para onde a chamei por temor de que enlouquecesse. E eu respondi à minha consorte desolada: oh, sim, nós voltaremos a ver a nossa filha; a alma é imortal... e esta vida de misérias não é mais do que um episódio da imperecedora e divina luz da flama que anima o universo.

Sem ter como abandonar a posição em Salto, Garibaldi sofreu distante de Anita, que se viu sozinha a enfrentar todo esse drama, até seguir a seu encontro. Menotti acabara de completar cinco anos e Teresita estava com apenas nove meses.

Cerca de um mês depois da tomada de Salto pela Legião Italiana, a cidade foi cercada por mais de 3 mil homens sob a liderança do governador de Entre Ríos, Justo José Urquiza. Garibaldi, depois das baixas registradas nas semanas anteriores, contava com não mais que 500 sob seu comando. Suas tropas haviam sido reforçadas pela cavalaria do coronel Baez, com mais 300 soldados bem treinados.

Foram três semanas, entre janeiro e fevereiro de 1846, em que os argentinos tentaram de todas as formas retomar a cidade. Não conseguiram. "Faltou-nos carne, mas comemos os nossos cavalos", contou Garibaldi. O combate final, que levou à desistência pelos argentinos de retomar Salto naquele momento, ocorreu no dia 8 de fevereiro de 1846. Dali em diante, o governo e o povo uruguaios não poderiam demonstrar maior admiração e gratidão pela Legião Italiana. Um decreto estabeleceu que "o senhor general Garibaldi e todos aqueles que o acompanharam naquele dia glorioso são beneméritos da República", e que a bandeira da Legião Italiana receberia a seguinte inscrição, em letras de ouro: "Façanha de 8 de fevereiro de 1846, obtida pela Legião Italiana sob as ordens de Garibaldi."

E mais: os nomes dos combatentes daquele dia seriam registrados em um quadro, a ser instalado diante do brasão nacional na sala do governo, com a lista começando pelos 36 mortos no conflito. Os sobreviventes teriam o direito de usar uma inscrição no braço esquerdo: "Invencíveis combateram no 8 de fevereiro de 1846."

Quando Rivera escreveu uma carta a Garibaldi na qual oferecia terras à Legião Italiana como reconhecimento pelos serviços prestados à República Uruguaia, Garibaldi recusou – decisão em que disse ter sido apoiado por todos os oficiais sob seu comando. Sua resposta ao presidente foi a seguinte:

> Os oficiais italianos, depois de terem tomado conhecimento de vossa carta, declaram unanimemente, em nome da Legião Italiana, que eles, oferecendo os seus serviços à República, não queriam receber senão a honra de partilhar os perigos que correm os naturais do país que lhe deram hospitalidade. Agindo deste modo, obedecem à sua consciência. Tendo satisfeito ao que eles olham como o simples cumprimento de um dever, continuarão, tanto quanto as necessidades do cerco o exigirem, a partilhar os perigos dos nobres montevideanos,

não aceitando outra recompensa do seu trabalho. Tenho, pois, a honra de lhe comunicar a resposta da Legião, com a qual os meus princípios e sentimentos concordam completamente. Por isso, vos envio o original da doação. Deus vos dê muitos anos de vida.

As ações da Legião Italiana na América do Sul estavam sendo amplamente disseminadas pela Itália e por toda a Europa, reforçando a aura de heroísmo em torno de Garibaldi. Mazzini usava habilmente essas informações para fomentar no povo italiano o espírito patriótico e a resistência à dominação estrangeira. Assim, mesmo distante da sua pátria, Garibaldi tornava-se, cada vez mais, a personificação do espírito de contestação.

HORA DE VOLTAR PARA CASA

O sofrimento de Garibaldi e Anita com a perda de Rosa seria amenizado pelo nascimento de Ricciotti, dois anos depois, cujo nome reverenciava o mártir italiano Nicola Ricciotti, fuzilado em 1844. Mas permanecia a revolta de Anita pelo que considerava desprezo do governo uruguaio, em nome do qual Garibaldi colocava a vida em risco todos os dias e mal tinha tempo de voltar para casa.

Com a situação encaminhando-se para a paz e a esperada liberdade em relação às pretensões argentinas, Garibaldi recebeu um ofício da Liga Italiana, com a afirmação de que o esperavam no porto de Gênova para iniciar a "santa cruzada da Liberdade".

A mensagem foi acompanhada de um presente da Itália para Garibaldi. Seus compatriotas se uniram para financiar a produção e o envio de uma bela espada dourada, banhada a ouro. A ideia havia sido de dois comerciantes de Florença, Carlo Fenzi e Cesare della Ripa, que abriram uma subscrição para que admiradores de Garibaldi em toda a Itália pudessem fazer doações. Arrecadaram, em poucos dias, o suficiente não apenas para custear a confecção da espada, mas também de uma medalha de prata para cada um dos legionários sob seu comando.

O rei Carlos Alberto, o mesmo que condenara Garibaldi à morte 13 anos antes, foi um dos que contribuíram para a compra da espada. Isso deixava bem claro que o revolucionário poderia voltar à terra natal sem receio de ser preso. Garibaldi pendurou a espada na parede de casa, em contraste com o aspecto humilde da residência.

Ricciotti: herdeiro da coragem e da capacidade de liderança do pai.

A essa altura, a fama de guerreiro inabalável e habilidoso já havia se espalhado pela Itália, que aguardava sua volta com expectativa. Seus impressionantes feitos na América do Sul eram relatados com cores ainda mais intensas na Europa, transformando-o praticamente em um super-herói invencível.

Numa carta a Mazzini, Garibaldi demonstrou o seu interesse em regressar à Itália para lutar pelo projeto de unificação. A concretização da viagem dependia, no entanto, de meios materiais:

> Tenho mil homens à minha disposição, soldados, disciplinados, armados, habituados à guerra e cheios de confiança no seu chefe. Podemos, tudo bem pensado e previsto, transportá-los facilmente para a Itália; obtenha os meios. Seiscentos são italianos; os outros fazem parte dos batalhões bascos, cujos oficiais são nossos aliados. Temos, porém, apenas um navio, que pode transportar, quando muito, 150 homens.

Na Itália, a defesa da unificação ganhava cada vez mais adeptos e deixava de ser um tema tratado exclusivamente às escondidas para ganhar as ruas, as esquinas, as artes. O povo mostrava indignação contra o poder absolutista da monarquia e até o papa Pio IX se manifestou a favor da causa, indicando a propensão de colaborar com o rei Carlos Alberto para livrar a Itália do domínio austríaco.

Assim que souberam, em Montevidéu, da posição do papa, Garibaldi e Anzani decidiram oferecer seus serviços à Igreja em nome da causa. Escreveram uma carta ao monsenhor Bedini, núncio apostólico do Rio de Janeiro, em que narraram todos os seus feitos e pediam uma resposta:

> Já se vão cinco anos que durante o sítio que envolve as muralhas desta cidade cada um de nós foi colocado diante da prova de resignação e de coragem; e, graças à Providência e a este antigo espírito que inflama nosso sangue italiano, nossa legião teve oportunidade de se distinguir. Ela tem, no caminho da honra, ultrapassado todos os outros corpos que eram seus rivais e seus êmulos. [...] Se hoje os braços que têm alguma familiaridade com as armas são aceitos por Sua Santidade, é inútil dizer que com muito mais prazer que nunca nos consagraremos ao serviço de quem tem feito tanto pela Pátria e pela Igreja.

Garibaldi superava, assim, em nome de uma causa maior, a resistência pessoal que tinha em relação à Igreja. Jamais chegaria uma resposta para a oferta, mas ele estava decidido a deixar o Uruguai para retornar à terra natal.

Ao tomar conhecimento disso, o almirante Brown, que a essa altura já havia deixado de trabalhar para Rosas, fez questão de procurá-lo em casa – para grande surpresa do italiano, que relatou o episódio com orgulho:

> Abraçou-me muitas vezes, como se fosse seu próprio filho, não podendo evitar a manifestação expressiva do carinho que me professava. Quando havia concluído comigo, voltou-se a Anita: "Senhora, lhe digo: combati por muito tempo contra vosso marido, mas sempre sem êxito. Empenhei-me em vencê-lo, torná-lo meu prisioneiro, mas ele sempre soube como me combater e escapar de mim. Se tivesse tido a fortuna de aprisioná-lo, ele veria, pelo tratamento que lhe dispensaria, a estima que me inspirava."

Garibaldi concluiu dizendo que só estava contando essa passagem porque a considerava mais honrosa para o almirante Brown do que para ele próprio, por retratar um tipo de cavalheirismo incomum entre ex-inimigos.

Graças a contribuições dos compatriotas estabelecidos no Uruguai, Garibaldi conseguiu pagar as passagens para mandar a família à Itália, enquanto ele permaneceria em Montevidéu para viabilizar a sua própria viagem ao lado das tropas.

Essa preparação incluía a arrecadação de armas e munição e de fundos para o transporte e a manutenção dos homens.

Anita e as três crianças – Ricciotti ainda com menos de um ano de idade – embarcaram em dezembro de 1847, a bordo de um veleiro sardo. Chegaram a Gênova em março e foram recebidos com grande festa popular, como ela contou numa carta entusiasmada – certamente ditada a outra pessoa, pois estava em italiano e repleta de detalhes que não poderiam ser de conhecimento de Anita em tão pouco tempo:

> Fui muito festejada pelo povo genovês. Mais de 3 mil pessoas vieram sob as janelas da casa gritando: "Viva Garibaldi! Viva a família de Garibaldi!", e me deram uma bandeira com as cores italianas, dizendo que eu a entregasse ao meu marido logo que chegar à Itália, para que ele seja o primeiro a plantá-la no solo lombardo. Se soubesse como é querido e desejado Garibaldi por toda a Itália, e principalmente aqui em Gênova! [...] As coisas da Itália caminham bastante bem. Em Nápoles, na Toscana e no Piemonte foi promulgada a Constituição, e Roma dentro em pouco a terá também. A guarda nacional foi estabelecida por toda parte. [...] Por toda parte, só se fala em unir a Itália mediante uma liga política e aduaneira e libertar os irmãos lombardos do domínio estrangeiro.

Em Gênova, Anita foi ciceroneada com todas as honras por parentes dos Antoninis, uma das famílias mais influentes do Uruguai à época, composta por comerciantes e armadores. Fez programas com os quais sempre sonhou, como ir à Ópera. Depois de uma semana, seguiu com as crianças para Nizza, onde ficariam sob os cuidados de Rosa. Quando chegou, havia uma carta de Garibaldi à sua espera. "Desejo que gozes do belo cantinho de terra que me viu nascer; que te seja caro como o tem sido sempre no meu coração", pedia.

A calorosa recepção dada a Anita e às crianças reforçou em Garibaldi a percepção de que, apesar da distância – e em grande parte justamente por conta disso –, ele se tornara um verdadeiro ícone na Itália. Seu nome representava a personificação das ideias de liberdade e fidelidade a um ideal. A perspectiva de sua volta era vista como um símbolo da bravura que a Itália precisava para iniciar a nova era que estava destinada a viver.

Menos de um mês depois que Anita e os filhos chegaram a Nizza, Garibaldi partiu de Montevidéu, com o mesmo destino. Ia a bordo de uma embarcação fretada especialmente para a viagem – que se chamava Bifronte, mas foi rebatizada de La Speranza, nome mais apropriado para a missão que iria cumprir.

Pelas limitações de espaço, Garibaldi não pôde levar os mais de mil homens que estavam dispostos a segui-lo. No dia 15 de abril de 1848, o líder revolucionário partiu acompanhado por 62 companheiros, quase todos italianos que estavam exilados no Brasil e se mostravam dispostos a lutar até a morte pela pátria que em algum momento foram obrigados a abandonar. O grupo era formado por novos e fiéis companheiros de Garibaldi, como Francesco Anzani – que estava muito doente, por conta da tuberculose, e mesmo assim insistiu para seguir viagem –, André de Aguyar e Gaetano Sacchi.

Dois canhões e oitocentas espingardas doadas pelo governo uruguaio faziam parte da carga. O povo compareceu em peso ao porto de Montevidéu para se despedir do seu grande herói libertador. Garibaldi fez questão de levar os restos mortais da pequena Rosita, que haviam sido enterrados no Cemitério Central de Montevidéu. Como o processo de transferência era burocrático, ele simplesmente pediu a um de seus soldados que, na calada da noite, fosse ao cemitério, cavasse e trouxesse com ele o pequeno túmulo. A ossada seria transferida para uma urna de chumbo e enterrada em Nizza, para ser posteriormente levada à ilha de Caprera, onde Garibaldi passaria seus últimos anos.

Durante a longa viagem, os homens se dedicaram a duas atividades: exercícios físicos, para chegar em forma à Itália, e à alfabetização dos que não sabiam ler, com a ajuda voluntária dos que já dominavam a leitura e a escrita. Garibaldi decidiu que desembarcaria diretamente em Nizza, para reencontrar Anita, os filhos e a mãe – além das suas lembranças de infância, claro. Que outro lugar poderia ser melhor para o esperado retorno à terra natal?

O grupo chegou ao destino em junho, em meio a grande entusiasmo da população e num momento efervescente na Europa, como um todo, e especialmente fervilhante na península itálica. Em janeiro daquele ano de 1848, Palermo havia sido tomada pelos sicilianos rebeldes. Em fevereiro, o rei das Duas Sicílias não teve outra alternativa para tentar conter a revolta do que promulgar uma constituição, o que aproximava a Monarquia dos ideais da República.

Processo semelhante ocorreria em seguida na Toscana. Na Lombardia e no Piemonte, controlados pelos austríacos, o espírito insurgente era fustigado por jornais combativos, produzidos e distribuídos na clandestinidade. Tudo isso era de alguma forma resultado das tentativas de revoluções do passado, incluindo aquela que, quase 15 anos antes, obrigara Garibaldi e Mazzini a deixarem a Itália.

Para tornar a conjuntura ainda mais delicada, o continente vivia uma grande crise econômica, que teria severas consequências políticas. O inverno entre 1845 e 1846 havia sido um dos mais rigorosos, provocando quebra na produção de alimentos e levando ao aumento abusivo dos preços. A primavera que se seguiu foi extremamente chuvosa e agravou ainda mais a situação. Quando a população soube que a maior parte da produção de arroz – um dos muitos produtos racionados entre os italianos – seria enviada à Áustria, os protestos se disseminaram. A fome foi o grande combustível para as revoltas populares que depuseram Luís Felipe, que estava no poder na França havia 18 anos e foi expulso de Paris no dia 24 de fevereiro de 1848. E que levaram também à renúncia de Metternich no dia 15 de março. Depois de três décadas no poder, o outrora todo-poderoso primeiro-ministro que personificou a sanha austríaca de conquistar a Europa teve que fugir escondido em uma carroça, para se exilar na Inglaterra.

O Império Austríaco estava em franco desmantelamento e enfrentava diversos focos de revolta em seus diversos reinos, como o da Boêmia (com maioria da população tcheca), da Hungria (que, além de húngaros, abrigava sérvios, croatas e romenos) e da Transilvânia (habitado principalmente por romenos). Em Milão, o povo se armou para expulsar os austríacos e conseguiu vencer o exército de Radetzki.

Enquanto isso, em Veneza, Daniel Manin assumia a liderança da população revoltada e proclamava a República no dia 22 de março de 1848. Em apoio aos governos revolucionários de Milão e Veneza, o rei do Piemonte-Sardenha, Carlos Alberto, declarou guerra à Áustria, numa tentativa de conseguir se manter no poder em meio a tantas turbulências e realizar o projeto de transformar seu reino numa potência capaz de anexar os demais Estados italianos. A Sicília seria separada dos Bourbons algumas semanas depois.

Todas essas movimentações permitiram ao exilado Mazzini deixar a Inglaterra para voltar à Itália – de onde, a exemplo de Garibaldi, havia escapado após ser condenado à morte por conspirar contra a monarquia. Mazzini sentia que se aproximava o momento de colocar em prática tudo o que havia pregado desde a juventude, e contava com Garibaldi como o principal executor de seus planos.

NOTA

[1] Antigo nome de Florianópolis. A substituição do topônimo ocorreria em 1894 para homenagear o marechal Floriano Peixoto, que entraria para a História como o "consolidador da República" por reprimir energicamente movimentos que ameaçavam a instabilidade do regime. A República no Brasil só foi implantada no país em 1889, meio século depois das lutas de Garibaldi no país.

HERÓI DOS DOIS MUNDOS

Assim que chegou a Nizza, Garibaldi se deparou com uma verdadeira multidão à sua espera – entre amigos, simpatizantes e curiosos. Anita, os filhos, sua mãe e seus irmãos estavam à espera dele no porto.

> Antes de chegar à entrada do porto, já a minha querida companheira surgia num pequeno barco, exultando de alegria. Uma quantidade enorme de pessoas acorria para receber o punhado de valentes que, desprezando distâncias e perigos, atravessara o oceano para oferecer seu sangue à pátria. […] Depois de esperar autorização de desembarque

pela aduaneira – demorada, pois não tínhamos dinheiro suficiente para pagar as taxas – e após respeitarmos o período de quarentena, começamos a desembarcar felizes no solo pátrio, sendo Anzani e Sacchi os primeiros a descerem. Eu corri para abraçar meus familiares, que muito se preocupavam com a vida aventureira que eu levava. Uma das minhas grandes alegrias era poder consolar os últimos dias da velhice de minha mãe. [...] Foi uma festa contínua os poucos dias que passamos em Nice. Mas essa alegria não podia ser eterna quando os irmãos combatiam no Míncio contra o estrangeiro.

Nos seis meses de separação, a saudade falou alto tanto para Garibaldi quanto para Anita. Ele havia escrito, numa das cartas à amada: "Não quero nada mais do que partir para a Itália para saborear teus deliciosos abraços. Não te esqueças desse teu filho da tempestade e pensa em teu amante fiel." Se restava alguma dúvida sobre a profundidade do sentimento que os ligava, a distância fez com que tivessem certeza de que haviam mesmo nascido um para o outro. O reencontro com a mãe foi também uma grande emoção para Garibaldi – ele não pôde deixar de notar como ela envelhecera naquele período, estando agora com a pele bem mais enrugada e os cabelos totalmente brancos.

Depois dos vivas e dos abraços de recepção, Garibaldi caminhou à frente de seus homens até a sede do governo local, onde pediu alojamento para a tropa. Essas primeiras cenas do seu retorno à cidade natal não deixavam dúvida de que ele havia se transformado em herói nacional, o *condottieri* ("líder"), um homem em que se depositavam todas as esperanças de ver a Itália unificada. A população acreditava, cada vez mais, que esse seria o caminho para uma vida melhor e mais justa.

Logo Garibaldi tomou conhecimento, entretanto, de que a situação dos movimentos revolucionários havia se complicado consideravelmente desde seu embarque na América do Sul. No reino das Duas Sicílias, os levantes foram sufocados com violência pelas forças austríacas. A cidade de Messina foi retomada depois de ter sido devastada por bombardeios e o mesmo logo aconteceria com Nápoles, reconquistada por Fernando II. O papa Pio IX, que ameaçara apoiar a luta contra a Áustria, decidiu lavar as mãos e simplesmente esperar pelo resultado dos conflitos para aliar-se ao lado vencedor.

Carlos Alberto hesitara em avançar contra os austríacos, perdendo um momento de fragilidade do adversário e de franco apoio popular. Mazzini, indignado com a indecisão do monarca, escreveu-lhe uma carta, com o pseudônimo "Um Italiano":

Esta pátria do gênio é bela pela natureza, enobrecida por memórias ilustres de vinte séculos, é poderosa por inúmeras razões e só lhe falta ser unida. Nunca observaste o povo que a habita, um povo esplêndido apesar da servidão que dobra a sua fronte, grande por seu instinto de vida, pela luz de seu espírito, pelo fogo de suas paixões? São paixões cruéis ou loucas porque as circunstâncias não permitem outras, mas paixões, pelo menos, bastante fortes para criar uma nação. Nunca ouviste esta voz?

Diante do cenário que se apresentava, parte dos republicanos – incluindo Garibaldi – passou a considerar que o mais importante era que a unificação ocorresse, ainda que fosse preciso fazer a concessão de apoiar a monarquia de Carlos Alberto. Só unindo forças seria possível vencer um inimigo poderoso como a Áustria. Além do mais, essa costura política seria importante para que os países vizinhos considerassem legítima a causa da unificação. Outros revolucionários, Mazzini à frente, não abriam mão do regime republicano.

No primeiro pronunciamento público após a volta à Itália, durante um jantar em sua homenagem, Garibaldi justificou o apoio ao rei:

Todos aqueles que me conhecem sabem que nunca, nem sequer por um dia, fui partidário de um rei, nem de um reino. Mas isso foi somente porque os príncipes faziam a infelicidade da Itália. Agora sou realista e vou tomar partido, como todos os meus, pelo rei da Sardenha, que quer estabelecer a unidade da nossa península. Estou pronto a derramar meu sangue por ele. E tenho certeza de que todos os italianos pensam como eu.

Com o objetivo de reeditar em solo italiano a Legião que fizera a fama no Uruguai, Garibaldi passou a recrutar mais homens para se unirem aos que tinham vindo com ele da América do Sul. Partiu de Nizza em direção a Gênova com 169 companheiros e um grande número de voluntários foi se juntando às suas tropas ao longo do caminho.

Os voluntários de Garibaldi eram, em geral, homens sem experiência e despreparados para combates. Muitos não tinham princípios morais e éticos tão sólidos, mas, depois da experiência acumulada no Brasil e no Uruguai, ele estava mais preparado para lidar com desvios. Sabia que era preciso ser rigoroso. Avisou desde o princípio que a pena de morte estava instituída para quem saísse dos trilhos, realizando pilhagens não autorizadas ou maltratando os moradores das localidades por onde passassem, por exemplo.

Os anos de convívio com os rio-grandenses serviriam como referência moral nas suas lutas em solo italiano, principalmente no momento em que deparava com algum tipo de manifestação de má vontade por parte dos seus liderados ou com a indiferença entre a população:

> Os gaúchos rio-grandenses eram homens habituados a todas as privações, e nunca de uma só boca ouvi lamentações dos moribundos de fome e de sede; ao contrário, mesmo em tão dolorosa situação, desejavam combater. Oh! Italianos! No dia em que fordes unidos e sóbrios, pacientes nas fadigas e privações como os gaúchos rio-grandenses, o estrangeiro, estai seguros, não pisará mais a vossa terra, não mais poluirá o vosso lar. Nesse dia, italianos, terá a Itália reconquistado com brilho o seu lugar na frente das nações do Universo.

Depois de passar por Gênova, onde foi aclamado, nas ruas, Garibaldi apresentou-se a Carlos Alberto em Roverbella para oferecer-lhe seu apoio e colocar-se à disposição para a luta. Era 4 de julho de 1848, coincidentemente dia de seu aniversário de 41 anos.

O revolucionário tinha até ensaiado um pequeno discurso para o encontro. Faria questão de demonstrar que não carregava mágoa pelo fato de esse mesmo rei ter sido o responsável por seu exílio, ao decretar pena de morte aos insurgentes de Gênova. Diria que tudo isso ficara no passado e que as circunstâncias agora eram outras e os haviam colocado do mesmo lado.

Mas o líder revolucionário foi tratado com frieza – e até mesmo desdém – pelo rei, que não lhe deu oportunidade de diálogo e o despachou rapidamente. Carlos Alberto alegou que a decisão de incorporá-lo ou não às tropas piemontesas era do ministro da Guerra, não dele.

Depois do encontro, o rei escreveu aos auxiliares mais próximos que seria "desonroso para o exército dar o grau de general a esse tal indivíduo que vem de Montevidéu". Considerando a inegável popularidade de "tal indivíduo", no entanto, o rei pensou numa alternativa para tirá-lo da vista e ao mesmo tempo dar a sensação a Garibaldi e ao povo de que estava sendo útil e valorizado: "Poderíamos, talvez, incitá-lo dando alguns subsídios, desde que desaparecesse da nossa presença", sugeriu Carlos Alberto.

Se havia antipatia do rei em relação ao revolucionário, a recíproca era verdadeira. "Assim que o vi, senti desconfiança na sua acolhida e percebi na incerteza e na hesitação daquele homem que a nossa pátria tinha um destino pouco seguro", descreveu Garibaldi.

Apesar da forma como foi tratado, Garibaldi se submeteu às vontades do monarca. Foi enviado para uma audiência com o ministro da Guerra, que não estava lá para recebê-lo no momento combinado. Enquanto os conflitos evoluíam, o revolucionário sedento por ação passou a ser mandado de repartição em repartição, perdendo-se nos labirintos da burocracia.

Quando, apesar da superioridade numérica, o exército do rei Carlos Alberto foi derrotado pelas tropas do marechal Radetzki em Custozza, um ataque austríaco a Milão tornou-se o provável próximo passo do inimigo. Garibaldi preparou-se, então, para atacar Radetzki no caminho, à revelia das ordens do governo do reino do Piemonte-Sardenha. Era uma ação que ele assumiria por sua própria conta e risco.

O revolucionário sabia que tinha um grande trunfo: sua popularidade. Decidiu que começaria a usá-la com mais sabedoria. Acampou com seus homens na região do lago de Como e lançou um manifesto convocando a população – especialmente os jovens idealistas – a participar da luta. "A pátria tem necessidade de vós. Quem vos dirige estas palavras combateu em países longínquos por honra da Itália. Voltou à pátria acompanhando um grupo de companheiros corajosos para contribuir para a vitória da pátria ou morrer no solo sagrado", escreveu.

Alguns dias depois, já com mais de 1.500 homens sob seu comando, Garibaldi partiu rumo a Milão. O governo rebelde que havia se instalado na cidade o havia nomeado general, com um corpo de 3 mil voluntários à espera dele. Recebido com entusiasmo pelos milaneses, ele discursou para uma multidão, pedindo a todos que participassem de alguma forma da luta contra os austríacos. No plano de ação que traçou, o primeiro passo essencial seria expulsar os austríacos da Lombardia e de Veneza, para depois avançar sobre os pequenos territórios da península.

A essa altura, Mazzini já estava mais que convencido de que Garibaldi se tornara o grande nome da revolução italiana. Ele próprio havia sido o principal ícone enquanto tudo permanecia no campo das ideias, mas, quando o quadro exigiu ação, quem despontou como o líder verdadeiramente reconhecido e amado pelo povo foi Garibaldi. Para mostrar que reconhecia e valorizava essa liderança, Mazzini chegou a alistar-se como soldado da Legião Garibaldina. "A guerra do rei terminou. Agora começa a guerra popular", afirmou Mazzini.

Nesse meio-tempo, Radetzki e Carlos Alberto fecharam um acordo de armistício, segundo o qual as forças lideradas pelo rei teriam que abandonar a Lombardia e retirar todas as suas embarcações do mar Adriático. A rebelde

Milão já havia capitulado aos austríacos dias antes e apenas Veneza continuava no combate, liderada pelo incansável Daniele Manin, que defendia com todas as forças a república lá proclamada.

Ao saber do acordo com os austríacos, Garibaldi declarou que considerava Carlos Alberto um traidor e que não havia mais ninguém em quem o povo pudesse confiar além do próprio povo. Na declaração que ficou conhecida como Manifesto de Castelleto, ele fez duras críticas ao rei:

> Não posso me sujeitar ao humilhante tratado assinado pelo rei da Sardenha com o odioso estrangeiro que domina meu país. Se o rei deseja preservar sua coroa com atos criminosos e de covardia, meus companheiros e eu não queremos preservar nossas vidas com atos de desonra e abandonar, sem antes nos sacrificarmos, nosso solo sagrado ao escárnio daqueles que o oprimem e o saqueiam.

Um general austríaco, o barão Konstantin von d'Aspre, ficou indignado ao ler o texto de Garibaldi e exigiu de Carlos Alberto algum tipo de providência, sob pena de que o manifesto pudesse ser enquadrado como uma violação ao armistício estabelecido em comum acordo entre as partes.

Tudo isso só fez aumentar no povo a revolta contra Carlos Alberto e os austríacos, enquanto crescia a simpatia pela figura de Garibaldi. Ele reforçou a decisão de agir por conta própria, guiado apenas pelo próprio entendimento sobre o que era certo e errado. Partiu rumo às montanhas com cerca de mil homens que lhe permaneciam fiéis.

Depois de mandar enviados para tentar convencer Garibaldi a desistir de suas ações, sem sucesso, o rei mandou suas tropas ao encontro da Legião Italiana. Assim, como se já não bastasse a perseguição dos austríacos, seria preciso lidar também com o "fogo amigo".

Garibaldi se deslocou na direção da fronteira com a Suíça. Lá, encontrou-se com Mazzini. Os dois chegaram a discutir possíveis planos em conjunto, mas as divergências haviam se tornado insuperáveis. Os conselheiros de Mazzini não perdoavam o fato de Garibaldi ter defendido a monarquia, enquanto Garibaldi cada vez mais se revoltava ao perceber que aquele tão especialista em teorias era incapaz de agir efetivamente.

Parte dos homens – incluindo Mazzini – atravessou para o país vizinho em busca de refúgio contra a perseguição dos oponentes, enquanto outra parte, com Garibaldi à frente, permaneceu em território italiano, disposta a lutar. O revolucionário nunca apreciou as conspirações de gabinete, as intermináveis discussões em cafés e tavernas, os planos que jamais saíam do papel. Cada vez mais adotava como lema algo que combinava com a simplicidade que enxergava nas coisas: "inimigo à vista é inimigo a ser atacado".

SURGE A REPÚBLICA ROMANA

Garibaldi partiu rumo a Gênova, acompanhado de 70 homens, com o objetivo de chegar a Veneza para se unir às forças de Daniele Manin. No meio do caminho, contudo, foi convencido por um revolucionário siciliano, Paolo Fabrizi, a lutar pela retomada da Sicília, a maior ilha italiana, que estava sob controle de Ferdinando II, da dinastia dos Bourbons, após ter passado pelo domínio austríaco e espanhol.

Com o objetivo de difundir as ideias republicanas e tentar conquistar novos voluntários, Garibaldi aproveitava qualquer oportunidade para discursar à população das cidades que visitava. O número de seguidores ia aumentando dia a dia ao longo dessa marcha e logo chegaria a 5 mil – um "bando de gafanhotos", como definiu com certo desdém um político que teve a oportunidade de testemunhar a passagem da legião.

Cada um desses homens trajava um uniforme que remetia ao seu lugar de origem – o que, em muitos momentos, fazia a tropa de Garibaldi se assemelhar muito mais a uma espécie de desfile carnavalesco, pela variedade de cores e estilos das vestes, do que a um exército organizado.

No dia 15 de novembro de 1848, o ministro Pellegrino Rossi, um dos homens de confiança do papa Pio IX, foi assassinado. Esse acontecimento deixou Roma em verdadeira ebulição. Com receio de ser a próxima vítima, o papa deixou a cidade, disfarçado de padre comum. Revolucionários tomaram o comando da cidade, proclamaram a República e chamaram Garibaldi para ajudar a sustentar essa condição.

Roma convocou uma Assembleia Constituinte e Garibaldi foi facilmente eleito deputado. Com isso, chegaria a Roma com o direito de participar das reuniões e tentar valer sua influência no rumo das decisões que julgava mais adequadas. A essa altura, voltara a ser um dos defensores mais apaixonados da ideia de República – para sarcasmo de seus críticos, que ironizavam a volatilidade das suas convicções.

Ao chegar a Roma, Garibaldi foi recebido com vivas pela população, que já havia sido informada da aproximação da Legião Italiana. Era a primeira vez que ele voltava à Cidade Eterna depois da visita que fizera, ao lado do falecido pai, quando tinha apenas 17 anos. Agora, no início de 1849, quase 25 anos haviam se passado. "Longe de diminuir, o meu amor por ela cresceu com a ausência e o exílio. Muitas vezes, muitas, muitas vezes, lá do outro lado do mar, a 3 mil léguas de distância, eu pedia ao Todo-Poderoso a graça de revê-la", registrou Garibaldi.

Não demorou para que ele constatasse que quase nada havia mudado na cidade no que dizia respeito às más condições de vida para os pobres. De cada dez moradores, nove eram analfabetos. Tudo isso reforçou em Garibaldi o desejo de ver Roma elevada à condição de capital de uma pátria livre e com perspectiva de prosperidade para toda a população, e não apenas para a pequena parcela de privilegiados.

Nas discussões da Assembleia Constituinte, ele defendeu a ideia de que a República Romana deveria se expandir para a totalidade da península itálica, formando um só Estado. Mas a postura geral era de cautela. Ficou decidido que, ao menos nos meses que se seguiriam, Roma manteria boas relações com o resto da Itália e não teria o objetivo imediato da unidade.

Ainda assim, Garibaldi ficou satisfeito e otimista com o andamento dos fatos. Ao se reunir com o ministro da Guerra, teve assegurado o pagamento de um soldo regular a mil homens – a sua Legião Italiana tornava-se, assim, uma força equivalente em direitos ao exército romano oficial.

A confirmação da República Romana pela Assembleia Constituinte, por 120 votos contra 9, além de 14 abstenções, colocou fim ao poder do papa e determinou o confisco dos bens da Igreja, que seriam distribuídos às famílias pobres. Foram instituídos princípios tipicamente republicanos, como a igualdade de todos perante a lei e a liberdade de expressão. Iniciava-se o período que ficaria conhecido como Segunda República Romana, para não ser confundido com a breve experiência do período napoleônico, entre 1798 e 1799.

O governo romano foi assumido por um triunvirato composto por Giuseppe Mazzini, Carlo Armellini, advogado e político, e o escritor Aurelio Saffi. Para decepção de Garibaldi, que se considerava o nome certo para o cargo, o general Giuseppe Avezzana foi escolhido para ministro da Guerra e o também general Pietro Roselli comandante em chefe das tropas. Garibaldi se sentiu desprestigiado.

Enquanto isso, a Toscana também proclamava a República, seguindo os exemplos de Veneza e de Roma. Pressentindo que sua situação ficava cada vez mais insustentável, o rei Carlos Alberto rompeu inesperadamente a trégua com a Áustria, comandada por um novo imperador, Francisco José I, e fez seu exército marchar contra o de Radetzki, que não teve dificuldades para vencê-lo em uma única e decisiva batalha, travada em Novara no dia 22 de março de 1849.

A derrota foi tão humilhante que Carlos Alberto mandou fuzilar o comandante de suas tropas nessa ocasião, o general Girolamo Ramorino. Em seguida partiu para um exílio voluntário em Portugal, abdicando do trono no Piemonte em favor do filho, Vittorio Emanuele II. Carlos Alberto morreria apenas três meses depois, vitimado por uma doença que possivelmente teve relação com a fadiga física e emocional à qual havia sido submetido. Jovem e despreparado – tinha apenas 29 anos –, Vittorio Emanuele tornou-se presa fácil dos austríacos, que aproveitaram o momento de vulnerabilidade para retomar as ações contra o reino do Piemonte e as demais regiões rebeldes.

A Igreja agia nos bastidores para conquistar o apoio de outras potências católicas na retomada do controle sobre Roma e os Estados pontifícios. De seu refúgio em Gaète, Pio IX conclamou as potências católicas a defenderem os territórios ameaçados pelos "bárbaros". Preocupada com a possibilidade de que a Áustria aproveitasse a confusão para conquistar Roma e aumentar sua área de influência, a França se posicionou enfaticamente em defesa da Igreja.

Garibaldi e seu exército estavam em Rieti, a 80 km, quando foram convocados a participar do esforço de defesa da capital, iniciando imediatamente a marcha nessa direção. Antes de deixar Rieti, Garibaldi escreveu a Anita. Não escondia, mais uma vez, a decepção com a apatia dos compatriotas:

> Tu, mulher forte e generosa, com que desprezo não olhas essa geração hermafrodita de italianos, estes meus compatriotas que eu procurei dignificar tantas vezes e que pouco merecem. A traição dificultou os ímpetos corajosos, mas, de qualquer maneira, nós estamos desonrados. O nome italiano servirá de escárnio para os estrangeiros de todos os credos. Sinto-me humilhado de pertencer a uma família que conta com tantos covardes. Mas não creias que eu me sinta desencorajado, que eu duvide do destino de meu país! Mais esperanças tenho hoje que nunca! Pode-se impunemente desonrar um indivíduo, mas não se desonra impunemente uma nação!

Ao chegar a Roma, Garibaldi estabeleceu sua base na Vila Corsini, ponto estratégico para a recepção das tropas inimigas. Organizou uma poderosa artilharia como "cartão de visita" aos franceses, além das emboscadas que se tornaram uma das suas marcas desde o tempo de guerrilheiro na América do Sul. Ele sabia da importância de preparar surpresas para os inimigos, ainda que fosse com o simples intuito de confundi-los ou reduzir sua confiança.

Alguns dias depois, quando os 7 mil homens comandados pelo general francês Oudinot di Reggio chegaram às redondezas de Roma, vindos de Civitavecchia, foram surpreendidos por uma recepção bem mais robusta do que esperavam. Após a artilharia inicial, a tropa de Garibaldi partiu para cima dos inimigos, baionetas às mãos. Boa parte dos soldados franceses bateu em retirada desordenadamente ao perceber que não seria uma invasão tranquila e sem sobressaltos, como imaginavam.

O balanço desse primeiro confronto dava a vitória aos romanos, que sofreram cerca de 200 baixas, entre mortos e feridos, enquanto a França contabilizou quase 300 mortos e 150 feridos, além dos 375 prisioneiros feitos pelos inimigos.

Garibaldi foi atingido durante o combate por uma bala na coxa, mas fez questão de reduzir a gravidade do ferimento diante dos seus comandados e não abandonou a luta, pois sabia que sua presença à frente da tropa era essencial para inspirá-la e motivá-la. Ao final do confronto, pediu sigilosamente a um homem de confiança que levasse um bilhete a um médico, pedindo para vê-lo à noite.

O plano de Garibaldi era continuar perseguindo as tropas francesas em fuga, sem trégua, para afastá-las de vez de Roma. Mas o triunvirato que comandava a República, do qual Mazzini fazia parte, colocou-se contra a estratégia, por considerar que a França era uma pátria amiga e potencialmente aliada no futuro. "É com verdadeira dor que nos encontramos forçados a uma colisão contra a França que amamos e com quem apreciamos a unidade", escreveu Mazzini. Por essas e outras situações, a grande admiração que Garibaldi sentia inicialmente pelo líder da Jovem Itália arrefecia dia após dia, assim como acontecera no Rio Grande do Sul em relação a Bento Gonçalves:

> Se Mazzini – e não é preciso acusar outra pessoa – tivesse tido qualidade práticas, ele que se deliciava em conceber movimentos e empreendimentos; e se tinha por outra parte – o que sempre pretendera – o gênio de dirigir os

assuntos de guerra, se de outra forma ele se tivesse prestado a ouvir alguns de seus próximos cujas experiências poderiam tornar suscetíveis de saber alguma coisa, teria cometido menos erros e, nas circunstâncias a que me refiro, teria conseguido, senão salvar a Itália, ao menos retardar infinitamente o desastre de Roma...

A derrota francesa teve grande impacto em Paris. Vários deputados disseram-se surpresos com as notícias, pois haviam sido informados de que a presença das tropas em Roma seria apenas com o objetivo de mediar a paz. O parlamento colocou em votação uma censura formal ao governo, aprovada por 328 votos contra 214.

A defesa de Roma, em 1849, resultou em mais de 2 mil mortes entre os garibaldinos.
[*Garibaldi em Roma* (1854), G. H. Thomas e W. L. Thomas.]

O cônsul Ferdinand de Lesseps – que mais tarde se tornaria célebre ao comandar a construção do canal de Suez – foi escolhido pelo governo francês para mediar as negociações com a República Romana, sendo logo em seguida enviado à Cidade Eterna. O objetivo de Mazzini era chegar a um acordo para que a República Francesa defendesse a Romana contra os prováveis ataques dos austríacos.

O próprio Lesseps desconhecia, entretanto, que sua presença em Roma não passava de uma estratégia para que as tropas francesas ganhassem tempo para se reorganizar e se vingar da humilhante derrota sofrida. Luís Napoleão Bonaparte – sobrinho do Napoleão mais famoso –, presidente da República que assumira em dezembro de 1848, mandou um recado claro a Oudinot: "Nossa honra militar está comprometida e não tolerarei que receba um novo golpe."

Garibaldi não tinha tempo para se preocupar com as intrigas de bastidores, pois agora era a vez de o exército napolitano se aproximar de Roma pela região Sul da cidade. Sob o comando de Ferdinando II, rei das Duas Sicílias, essas tropas vinham de vitórias sobre as rebeliões da Calábria e da Sicília e planejavam tomar o controle da capital.

Ao ser avisado sobre os movimentos dos napolitanos, Garibaldi decidiu que não iria esperar o inimigo e saiu ao seu encontro, à frente dos 2.300 legionários que se apresentaram para o combate naquele momento – incluindo alguns muitos jovens, com até 15 anos de idade.

Os dois exércitos se encontraram no dia 9 de maio de 1849. A relação era de um soldado romano para cada três napolitanos, que totalizavam 7 mil homens sob o comando do veterano general Ferdinando Lanza. Nessas circunstâncias, Garibaldi sabia que deveria evitar um confronto em campo aberto. Tratou de aguardar os inimigos na vila de Palestrina. Como costumava fazer, orientou seus homens a buscar aproximação máxima com os inimigos antes de atirarem – de tal forma que pudessem utilizar, além das armas de fogo, também as baionetas no combate corpo a corpo, antes que os inimigos tivessem tempo de recarregar suas armas.

Lanza armou uma estratégia de ataque a Roma em que seus homens foram divididos em duas colunas. Uma foi direcionada à porta Valmontone e a outra à porta Romana. A primeira foi rapidamente repelida pelas tropas lideradas pelo legionário Luciano Manara, que a surpreendeu com uma estratégia de descida rápida e maciça de um morro. Já Garibaldi, à frente da defesa da porta Romana, teve um pouco mais de trabalho para expulsar os napolitanos – precisou de três horas de combate.

Quando os napolitanos recuaram, percebendo que estavam levando franca desvantagem no corpo a corpo, Garibaldi esperou amanhecer e seguiu a estratégia de perseguir os inimigos – a mesma que não pôde aplicar aos franceses. Queria evitar que os dois exércitos, napolitanos e franceses, tivessem tempo para unir forças e se tornar, assim, virtualmente invencíveis.

André de Aguyar, o "Mouro", foi um dos seguidores de Garibaldi que o acompanharam da América do Sul à Europa. [Litografia de Luigi Gregori.]

Os legionários de Garibaldi voltaram a se encontrar com os napolitanos em Velletri, onde as tropas de Ferdinando II haviam acampado, imaginando que não seriam perseguidas até ali. Nesse novo combate, travado dez dias depois do anterior, o cavalo de Garibaldi foi atingido e ele foi ao chão – mas conseguiu escapar dos ataques inimigos graças à intervenção de alguns de seus homens, que conseguiram resgatá-lo. Destacou-se nesse momento André de Aguyar, o valente negro uruguaio que acompanhava Garibaldi desde que fora libertado por ele da escravidão na América do Sul – e que, em função da cor da pele, havia ganhado o apelido de "Mouro".

Acossados pela Legião Italiana, os napolitanos continuaram recuando, até deixarem o território romano para retornar a Nápoles. A população da Cidade Eterna, que já havia entrado em festa com a expulsão dos franceses, celebrou o trunfo sobre os napolitanos.

Em reconhecimento aos seus feitos nessas batalhas, Garibaldi foi promovido a general de divisão da República de Roma. Mas não se deixou entusiasmar. Sabia que os napolitanos poderiam voltar e que a possibilidade de uma nova tentativa de invasão pelas tropas de Oudinot era grande. Ele permanecia cético em relação ao acordo de paz que vinha sendo negociado com os franceses. Voltou com seus homens a Roma, onde ficaria de prontidão para defendê-la. Aconselhou o reforço da vigilância e dos armamentos nos arredores da cidade, como primeira linha de resistência em caso de ataque-surpresa.

A construção do acordo evoluiu aparentemente bem durante o período combinado de armistício. Embora a data prevista para o final da trégua estivesse se aproximando, tudo levava a crer que o prazo seria prorrogado. Não tardaria, contudo, para que se confirmasse a desconfiança de Garibaldi sobre as intenções de Oudinot. Enquanto transcorriam as negociações, mais de 30 mil homens liderados pelo general francês, com 3.500 cavalos e 76 peças de artilharia, posicionaram-se ao redor da Cidade Eterna.

Dois dias antes da data determinada para o fim do armistício, a França suspendeu unilateralmente a trégua para determinar a invasão de Roma. Até mesmo Garibaldi se surpreendeu com a antecipação do prazo, uma violação a um dos princípios mais tradicionais e respeitados das guerras.

Diante do inesperado ataque francês, Garibaldi foi chamado às pressas pelo triunvirato para ser consultado sobre a melhor estratégia a ser adotada naquele momento. Cansado de ver suas opiniões deixadas de lado e desvalorizadas, ele decidiu apostar alto e afirmou que só agiria dali em diante de dois modos: como simples soldado – e nesse caso não daria sua opinião sobre estratégias; apenas cumpriria ordens – ou como ditador absoluto, com o poder de decidir sozinho o que fazer, sem ter que submeter suas escolhas a quem quer que fosse. "Vendo como se tratava a causa nacional e tendo em vista a catástrofe inevitável, pedi a ditadura; e pedi a ditadura como em certas ocasiões de minha vida tinha pedido que prendessem a haste de um navio empurrado pela tempestade em direção aos rochedos", descreveu Garibaldi.

A resposta de Mazzini soou um tanto ofensiva a Garibaldi:

> Perco a cabeça e teria vontade de abandonar a defesa da cidade e tudo deixar para ir a Fulino ou ao diabo para dar cabo da vida empunhando um fuzil. Não pode ser assim, porém, porque não é deste modo que se pode salvar a pátria. Neste momento, creio que os homens a quem estão afetos os destinos da república esqueceriam tudo, exceto isto. Entretanto, descubro desconfiança, resistência, individualismo, entre aqueles cuja verdadeira grandeza deveria afogar outros sentimentos. Por que quereis comprometer a defesa da cidade privando-a de vosso apoio moral? Dizem-me que vós vos queixais por não terdes sido convidado para o conselho de defesa. Este não se constituiu. Escreva-me o que quereis que se faça em favor da defesa, e isto será feito. Não vos posso dizer mais. Mas, pelo amor de Deus, não pensai em outra coisa, senão em salvar Roma e a Pátria. Crede no vosso Giuseppe Mazzini.

Como quem lava as mãos, Garibaldi decidiu que a partir daí apenas seguiria as ordens. Quando as tropas de Oudinot começaram a entrar em Roma com artilharia pesada, os ruídos assustadores dos disparos de canhão levaram pânico à população, que via ruir o sonho de tempos de paz e progresso sob o regime republicano.

Os franceses superaram sem dificuldade as linhas de defesa dos romanos na entrada da cidade e os combates logo estavam generalizados por toda parte, envolvendo não apenas os soldados de cada exército, mas também o povo. Cadáveres se espalhavam pelas ruas, enquanto uma horda de mutilados clamava desesperada por socorro.

Ainda sentindo as dores do ferimento à bala que sofrera na perna, Garibaldi percorreu a cidade a cavalo, de madrugada, para convocar a população à resistência. Apostava nos seus legionários e nos homens do povo, e não nos exércitos organizados, que deixou a cargo das estratégias de Avezzana e Mazzini.

Garibaldi concentrou-se inicialmente em tentar reconquistar a Vila Corsini, seu quartel-general no conflito anterior com os franceses – e que esteve, por essa razão, entre os primeiros alvos dos invasores. Se a resistência pudesse se concentrar ali, pensava ele, outros pontos poderiam ser reconquistados aos poucos.

O conflito foi uma carnificina, com homens tombando sem parar de ambos os lados. "A morte tinha feito uma ceifa tremenda em nossas colunas. Caíam às dezenas. Parecia que eram as próprias raízes das árvores que estrebuchavam. Não gemiam e sabia-se que estavam mortos", descreveu um dos homens de Garibaldi que sobreviveram. No delírio da guerra, que dizem causar certo tipo de embriaguez, muitos pareciam ir ao encontro da morte como quem participava de uma festa. "Os soldados iam à frente com o sorriso nos lábios. Trocadilhos, pilhérias militares, tinham livre curso nas fileiras", acrescentou o soldado.

Ao final de 17 horas de conflito, ficou claro que os franceses conseguiriam manter o controle sobre a vila. Garibaldi decidiu-se então pela retirada dos poucos homens que permaneciam ao seu lado. Se não tomasse essa atitude naquele momento, a Legião Italiana muito provavelmente seria exterminada.

Cerca de mil cadáveres espalhavam-se pelo chão ao final da contenda. O nível de violência desse confronto e a determinação de ambos os lados em conquistar a vitória impressionaram até mesmo um experiente guerreiro como Garibaldi. Cada vez que uma batalha dessas chegava ao fim, ele se admirava, em seu íntimo, pelo fato de ter mais uma vez escapado com vida. Muitos de seus colaboradores mais próximos morreram na Vila Corsini, como Gaetano Bonnet e Henrique Dandolo.

A resistência demonstrada pelos romanos fez Garibaldi mudar, na carta seguinte a Anita, o tom das críticas aos compatriotas. Agora era com entusiasmo e orgulho que ele falava dos italianos:

> Os galos-frades do cardeal Oudinot contentam-se agora com seus canhonaços, e nós, como se já estivéssemos a eles habituados, pouca importância lhes damos. Aqui as mulheres e as crianças correm atrás das balas e das bombas, disputando-lhes a posse. Nós combatemos no Gianícolo e este povo é digno da sua passada grandeza. Aqui se vive, se morre, se suportam as amputações ao grito de Viva a República! Uma hora da nossa vida em Roma vale por um século de vida! Feliz minha mãe por haver-me parido numa época tão bela para a Itália! Fica boa, beija-me mamãe e as crianças. Ama-me muito!

À noite, depois de remendar os furos de bala em seu poncho, Garibaldi precisava tomar decisões difíceis, como condenar à morte um oficial que abandonara o posto à vista de todos, em meio à batalha. Fazia isso com evidente pesar, mas ao mesmo tempo com firmeza. Esse senso de justiça extremado atraía tanto detratores, que o acusavam de agir como se fosse a personificação de Deus, quanto seguidores incondicionais, capazes de dar a vida por Garibaldi. Entre esses estava, ironicamente, um padre, Ugo Bassi, que abandonara a batina para se juntar às tropas da Legião Italiana. "Cada desejo desse homem torna-se necessidade ou lei, para mim, como se viesse de Deus ou da pátria", escreveu o padre, referindo-se a Garibaldi.

A noite era também o momento em que Garibaldi escrevia cartas com a difícil missão de comunicar os parentes dos seus colaboradores mais próximos sobre as perdas ocorridas em combate. À mãe do jovem poeta Goffredo Mameli, autor da canção "Fratelli d'Italia, Italia s'è desta" ("Irmãos da Itália, a Itália levantou-se"), cantada pelos legionários em meio aos combates – e que se tornaria o hino oficial da Itália –, descreveu os últimos momentos do filho, morto aos 21 anos: "Nós não trocamos uma palavra, mas nossos olhos se compreenderam com a ajuda da afeição que nos unia. Fiquei imobilizado de terror."

Escrevia também para Anita. Só não podia imaginar que ela não estava lendo as suas cartas, pois se encontrava em meio a uma complicada viagem a Roma justamente para vê-lo. Deixou as crianças aos cuidados da avó e de amigos, conseguiu dinheiro emprestado e utilizou diversos meios de transporte, de carruagens a navios, para chegar ao destino desejado – uma verdadeira odisseia em meio a uma região vigiada pelas tropas inimigas de Garibaldi.

Quando Anita apareceu no quartel-general da Vila Spada, onde estava Garibaldi, não foi pequena a surpresa dele ao vê-la, claro. Obviamente não havia como negar-lhe o desejo de continuar ali, mesmo porque o retorno significaria submetê-la mais uma vez aos inúmeros perigos que já havia enfrentado no caminho. Ao apresentá-la aos subordinados, Garibaldi disse com orgulho que a tropa acabara de ganhar um legionário a mais.

A situação da República Romana era quase desoladora e Mazzini convocou seus generais para comunicar uma decisão extrema: a única possível saída, naquele momento, seria convocar todos os homens da população para lutar ao lado do exército romano. Em meio ao entusiasmo geral dos líderes com a proposta, Garibaldi foi a única voz a se levantar contra a ideia, chamando a atenção para as imensas perdas humanas que a estratégia causaria.

Ele propôs, como plano B, um ataque-surpresa aos franceses na região de Civitavecchia. A ideia era chegar com os seus homens no meio da madrugada, enquanto Manara agiria de forma semelhante no monte Gianícolo. Mazzini não aceitou a proposta, alegando que as chances de que os homens se movimentassem sem serem percebidos para executar ataques-surpresa bem-sucedidos eram praticamente nulas.

Enquanto os líderes italianos não se entendiam, os franceses continuavam avançando. Ao dominar novas vilas nos arredores de Roma, ficavam cada vez mais próximos de conquistar a hegemonia sobre toda a cidade. A população tentava colaborar com a defesa construindo barricadas, mas a situação tornava-se progressivamente insustentável.

Propositadamente ou não, foi na noite de São Pedro, 29 de junho, uma data festiva para os romanos, que os franceses empreenderam a mais dura ofensiva contra Roma. Invadiram a Vila Spada, obrigando Garibaldi a escapar. Esse combate matou Luciano Manara e o uruguaio André de Aguyar, dois dos colaboradores mais próximos e fiéis de Garibaldi.

REFÚGIO EM SAN MARINO

Antes que os franceses tomassem de vez a cidade, a Legião Italiana escapou para as montanhas. Garibaldi reuniu, no dia 2 de julho de 1849, cerca de 4.200 infantes e mais 500 cavaleiros na praça de São Pedro, no Vaticano. Cerca de 2 mil de seus homens haviam morrido durante a defesa de Roma. Apesar do inevitável clima de derrota, o líder tentou ser positivo e transmitiu uma mensagem de esperança:

> A sorte que nos abandonou hoje, há de nos sorrir amanhã. Deixo Roma. Que me siga todo aquele que quiser continuar a lutar com o inimigo. Não ofereço soldo, nem alojamento, nem víveres. O que ofereço é fome, sede, marchas forçadas, luta, morte. Vocês dormirão frequentemente sob as estrelas, e algumas vezes sob chuva. Marchareis sob sol, comereis o que encontrar e, caso necessário, seus cavalos. Pensem em tudo isso e decidam-se. Que todo aquele que não tiver o nome da Itália somente nos lábios, mas no coração, me siga! Onde nós estivermos, estará Roma.

Foi em meio a esse cenário, despedindo-se de Roma, que ele celebrou seus 42 anos de vida. Anita estava ao seu lado, com os cabelos bem curtos, vestida com roupas masculinas e mais uma vez grávida, com a barriga começando a aparecer.

Enquanto Garibaldi organizava a retirada em meio à madrugada, conduzindo seus homens à estrada em direção a Tívoli, Mazzini escapava para a Suíça e, de lá, para Londres, onde permaneceria em exílio. Logo Oudinot declararia Roma oficialmente reconquistada e pronta para ser devolvida à administração da Igreja.

No caminho de retirada, depois de passar pela porta San Giovanni, os homens de Garibaldi precisavam escapar da perseguição pelas tropas francesas, espanholas e austríacas, pois todas queriam ter o privilégio de aprisionar o célebre revolucionário. Somando-se o efetivo dessas tropas, eram 65 mil homens contra menos de 5 mil sob o comando de Garibaldi.

Tão logo soube da fuga do seu maior rival, Oudinot mandou duas colunas em sua perseguição, uma para cada um dos caminhos mais prováveis. A marcha continuou, dia a dia, durante todo o mês, com Garibaldi plantando pistas falsas sobre seu destino para confundir seus perseguidores. Muitas vezes a falta de objetividade nos avanços não era proposital, contudo. Nenhum guia se propôs a ajudá-los, e sua tropa frequentemente se perdia pelo caminho. As populações dos lugares por onde passavam os recebiam ora com medo, ora com frieza, ora com entusiasmo.

Garibaldi teve ainda que lidar com problemas adicionais, como deserções e saques feitos pelos seus soldados nas pequenas vilas do caminho, prejudicando a gente simples do povo. "Quando apanhados em flagrante eram fuzilados, mas isso pouco remediava, pois a maior parte permanecia impune", lamentava.

No dia 28 de julho, ocorreu o primeiro confronto durante a fuga. A Legião Italiana se encontrou com tropas austríacas, lideradas pelo arquiduque Ernest von Habsbourg. Houve perdas de ambos os lados, mas os legionários conseguiram escapar mais uma vez.

Nesse momento, um novo problema começou a preocupar Garibaldi: vários de seus homens apresentavam sintomas de febre tifoide, doença causada principalmente pela ingestão de água ou alimentos contaminados. Ele ficou especialmente alarmado ao perceber que Anita também parecia cansada e abatida.

Seu plano inicial era chegar a Veneza, onde poderia se unir às tropas que lutavam em defesa da cidade, último reduto insurgente. Mas, considerando que a distância era grande demais e muitos de seus homens estavam em más condições físicas, decidiu partir em busca de abrigo na pequena república de San Marino. Com pouco mais que 60 km^2 de área, San Marino era independente havia muitos séculos.[1] Garibaldi acreditava que seria o melhor lugar para que seus homens descansassem em segurança, enquanto ele se ocuparia de traçar os próximos passos.

Ao chegar a San Marino, no dia 31 de julho de 1849, ele pediu permissão ao capitão Domenico Belzoppi, líder das forças armadas locais, para entrar no pequeno território. Assegurava se tratar de uma solicitação com motivações humanitárias, e que todas as armas de suas tropas seriam depostas. A resposta foi não apenas positiva, mas alentadora, confirmando a posição historicamente neutra de San Marino. "Bem-vindo, refugiado; esta terra hospitaleira vos recebe, ó general. Estão preparadas as rações para os vossos soldados, serão recebidos e cuidados os vossos feridos; vós nos deveis a retribuição, evitando a esta terra temidos males e desastres."

Assim que entrou em San Marino, Garibaldi observou ao longe a fumaça do acampamento das tropas austríacas, tendo então a plena noção de que haviam conseguido escapar por pouco. Escaldado por tudo o que já havia visto, ele não duvidava de que os inimigos invadissem San Marino, por mais que tal ato representasse a violação de outro princípio internacional da boa convivência entre os países.

Preocupado com a manutenção da paz em San Marino e com a segurança das tropas de Garibaldi – imaginava que seriam trucidadas se deixassem a pequena república que os acolhia –, Belzoppi mandou um enviado para negociar com Ernst von Habsbourg. Em resposta, Habsbourg exigiu que Garibaldi e sua tropa se entregassem, como única condição para que não fossem atacados mesmo dentro do território de San Marino.

Uma vez que Garibaldi recusou-se a aceitar tais condições, Habsbourg passou a exigir do exército de San Marino que expulsasse os legionários de seu território, sob pena de se tornar também inimigo dos austríacos. San Marino alegou que não tinha homens suficientes para expulsar Garibaldi e pediu tempo para negociar com o revolucionário e convencê-lo de que a melhor solução seria a rendição. O impasse evoluiu para o desenho de um acordo que garantia a Garibaldi e Anita o direito de serem exilados na América. Dos homens sob seu comando, os estrangeiros teriam que deixar o país e os outros responderiam apenas por eventuais crimes comuns, e não por suas ações militares.

Garibaldi reuniu-se com seus homens de confiança para discutir o teor do documento apresentado para sua assinatura. Muitos desconfiaram se tratar apenas de um acordo de fachada. Quem poderia assegurar que não seriam todos simplesmente executados e o documento rasgado e tratado daí em diante como se nunca tivesse existido? Além do mais, havia uma desconfiança especial sobre a parte que mencionava "crimes comuns". Quem estabeleceria, àquela altura, o que poderia ser classificado como crime comum e as penas que seriam impostas nesses casos?

A única saída era continuar escapando. Garibaldi decidiu deixar San Marino no meio da madrugada, acompanhado por um pequeno grupo formado pelos seus homens mais fiéis, divididos em duas colunas, com Anita sempre ao seu lado. Alguns iam a cavalo, outros a pé. Ele decidiu partir sem avisar as autoridades locais, para não torná-las cúmplices da fuga. Mas fez questão de deixar uma carta a Belzoppi agradecendo pela hospitalidade e a ajuda humanitária. Credencia-se à ajuda dada por San Marino a Garibaldi o fato de a pequena república ter tido o direito de se manter independente quando o processo de unificação italiana se consolidou.

Garibaldi não compartilhou os planos com o restante dos seus homens – que, dali em diante, estariam de certa forma entregues à própria sorte. Mas incumbiu alguns oficiais de permanecer em San Marino para tranquilizar a tropa e explicar que a fuga do pequeno grupo era a única forma de manter acesa a chama da revolução – e, ao mesmo tempo, aumentar as chances de que todos conseguissem escapar com vida. A recomendação de Garibaldi era de que se rendessem coletivamente.

A AGONIA DE ANITA

Em meio à tensão envolvida na fuga de San Marino, a negociação mais difícil para Garibaldi foi com Anita. Era visível que seu quadro de saúde estava piorando a cada hora. Ele insistiu para que ela permanecesse ali, onde

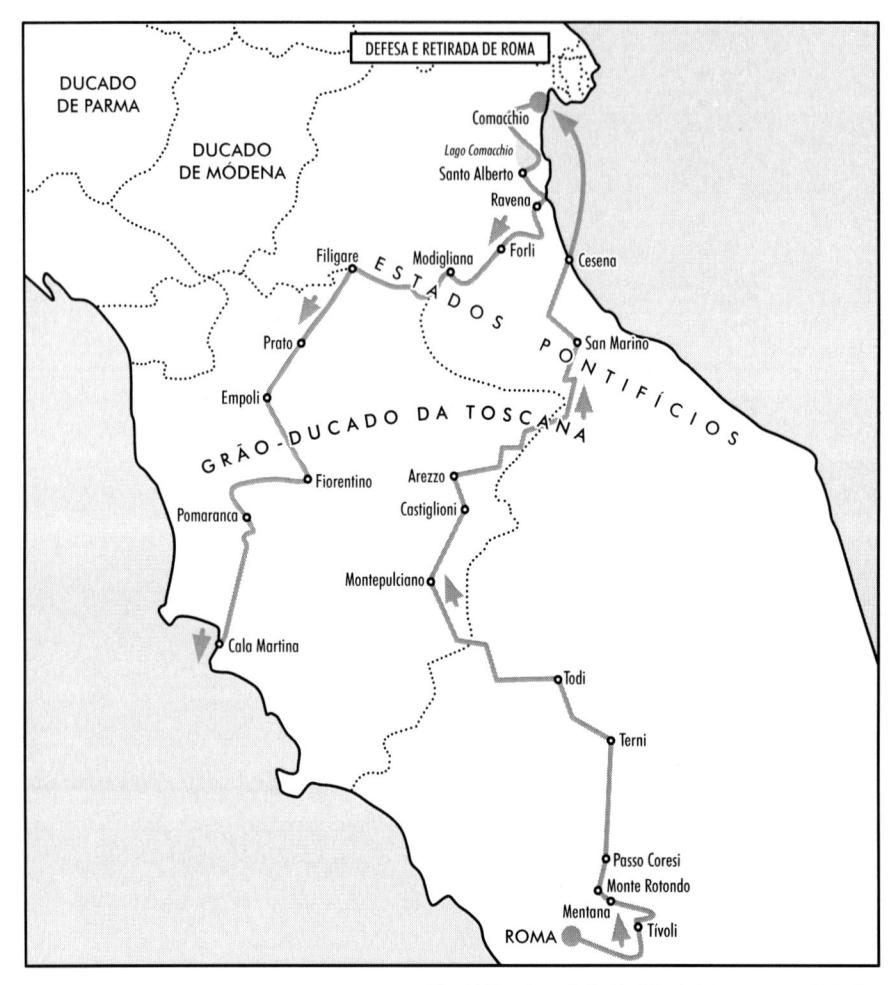

Em 1849, a fuga de Garibaldi sob intensa perseguição dos austríacos levou à morte de Anita.

teria acesso a medicamentos e cuidados relacionados à gravidez, mas Anita simplesmente não considerava essa possibilidade. Queria seguir ao lado do marido. Mostrava-se irredutível e, como não havia mais tempo a perder, Garibaldi concordou.

Orientados por um guia local que se dispôs a ajudá-los, Garibaldi e seus 185 acompanhantes – escolhidos entre os mais de 1.500 que haviam entrado em San Marino – partiram em meio à completa escuridão, fato que levou alguns a se dispersarem involuntariamente pelo caminho. Graças ao guia, utilizaram caminhos que os inimigos não conheciam. Dessa forma, conseguiram driblar a vigilância e evitar a perseguição. Partiram para as montanhas, em direção ao norte, retomando o objetivo de alcançar Veneza. A fuga de Garibaldi abalou a coesão das tropas inimigas, pois Habsbourg foi acusado de errar ao estender a negociação e, principalmente, por não prever a possibilidade evidente de que o líder inimigo simplesmente decidisse escapar.

Atingiram a costa na altura do pequeno porto de Cesenatico, às margens do mar Adriático, onde embarcaram em 13 canoas pesqueiras tomadas arbitrariamente dos pescadores locais – que, além disso, foram obrigados a servir-lhes como guias na longa travessia, de quase 170 km, até Veneza. Depois de esperarem algumas horas pela melhoria das condições de navegação – o mar encontrava-se agitado por uma tempestade –, partiram mais uma vez durante a madrugada. As esperanças se renovavam para Garibaldi, exceto no que dizia respeito ao estado de Anita:

> Ao sairmos de Cesenatico, o tempo estava bom e o vento favorável. Se não fosse a minha tristeza pelo estado deplorável de Anita, que padecia imensamente, poderia dizer que a nossa condição era afortunada, depois de superadas tantas dificuldades, no caminho da salvação. Mas o sofrimento da minha amada companheira era muito grande e maior ainda era o meu desespero por não poder ajudá-la. [...] Faltava-nos principalmente água, que Anita solicitava frequentemente, indício do seu mal.

Depois do amanhecer, quando os barcos pesqueiros já se encontravam em alto-mar, foram flagrados por uma embarcação austríaca, que logo percebeu não se tratar de pescadores em suas atividades normais. Garibaldi pressentiu que seriam abordados e determinou que as 13 canoas tomassem diferentes rumos, para que algumas talvez conseguissem escapar. Oito foram aprisionadas pelos inimigos e cinco conseguiram seguir viagem, incluindo a Passatempo, onde estavam Garibaldi e Anita – a essa altura já quase sem sentidos.

Garibaldi determinou o desembarque emergencial na praia de Pialazza, um istmo entre o lago Comacchio e o mar Adriático, a 6 km do porto de Magnavacca. Carregou Anita no colo e a colocou sob a sombra de uma árvore.

Cerca de 30 homens desceram ali – eram os que ainda não tinham sido presos pelos austríacos. Garibaldi achou mais prudente que se dispersassem. Dali em diante, seria cada um por si, informou. Doze deles – incluindo o ex-padre Ugo Bassi –, seriam presos em Comacchio e fuzilados pouco depois, em Bolonha, por ordem de Karl von Gorzowski. O general austríaco fez saber à população que o mesmo destino seria dado a quem colaborasse de alguma forma para a fuga de Garibaldi, publicando pelos mais diversos meios uma notificação ameaçadora: "Será sujeito a Juízo Estatário Militar quem conscientemente tiver ajudado, acobertado ou favorecido o fugitivo Garibaldi, acompanhado de sua mulher grávida ou outro indivíduo do bando por ele conduzido ou comandado".

A perseguição pelos austríacos se tornava cada vez mais implacável e o quadro de Anita se agravava hora a hora. Giovanni Culiolo, apelidado Leggero, o único soldado de Garibaldi que se mantinha ao lado do casal naquele momento, saiu à procura de ajuda nas redondezas e chegou ao coronel Gioacchino Bonnet, conhecido como Nino, ex-integrante da Jovem Itália que havia se tornado um próspero e pacato fazendeiro.

Ao tomar conhecimento de tudo o que estava acontecendo, o espírito revolucionário de Bonnet voltou a aflorar e ele se prontificou a ajudar no que fosse possível. Era também uma forma de honrar a família. Dois de seus irmãos, Gaetano e Raimondo, estiveram entre os mais destacados homens de Garibaldi na defesa de Roma – Gaetano morrera no combate da Vila Corsini.

As dificuldades se sucediam, no entanto. Os remadores contratados por Garibaldi para atravessar o lago Comacchio, cujos caminhos eram um verdadeiro labirinto e só podiam ser percorridos por quem conhecia bem os canais da região, literalmente abandonaram o barco quando descobriram de quem se tratava, pois sabiam da punição prometida por Gorzowski.

Bonnet sugeriu a Garibaldi que deixasse Anita sob seus cuidados e seguisse em fuga, pois a doença dela estava reduzindo a mobilidade do líder revolucionário a ponto de tornar sua captura quase inevitável. Garibaldi respondeu que jamais abandonaria a amada, lembrando dos muitos momentos em que Anita permaneceu ao seu lado, sem jamais pensar em deixá-lo.

Restou a Bonnet ajudar Garibaldi a transportar Anita em uma maca improvisada. Assim seguiram por cerca de duas horas, em meio a um percurso de grande dificuldade, única forma de iludir os perseguidores. Chegaram a uma casa simples de Mandriole, na província de Ravena. Os donos da casa, a família Ravaglia, não negaram acolhida àquela mulher tão doente.

Anita chegou a ser atendida por um médico, chamado às pressas. Mas a febre não cedia e ela já delirava, sem noção do que ocorria ao redor. Seus lábios estavam o tempo todo cobertos de espuma, que Garibaldi limpava constantemente com seu lenço. Bonnet insistia para que Garibaldi partisse, mas ele não teve coragem diante dos olhares suplicantes de Anita e das palavras que conseguiu emitir com grande dificuldade: "Não me deixe".

Perto das oito da noite de 4 de agosto de 1849, Anita morreu nos braços do amado. Tinha apenas 28 anos e estava grávida de seis meses. Ajoelhado ao lado da cama, Garibaldi chorou desesperadamente quando percebeu que o coração da amada deixara de bater.

O mais cruel é que sequer haveria tempo para absorver o impacto e se despedir adequadamente. Era preciso continuar a fuga, pois os austríacos estavam se aproximando. Garibaldi pediu que enterrassem o corpo de Anita nas proximidades e colocassem algum tipo de marca sobre a sepultura – para que, um dia, ele pudesse identificar o local e resgatar os restos mortais da esposa. Como último ato antes de seguir, Garibaldi retirou o anel de Anita, para levá-lo como lembrança.

As pessoas da casa contrataram dois homens, Luigi Petroncini e Pietro Patella, para enterrar o corpo no meio da noite. O local escolhido foi o topo de um morro próximo. Temerosos de um flagrante pelos austríacos, que estavam percorrendo a área à procura de Garibaldi – e também com receio de serem contaminados pela doença misteriosa que vitimara a mulher –, os homens fizeram uma cova rasa e finalizaram o trabalho o mais rápido possível.

Quase uma semana depois, três garotos brincavam no local com um cachorro, que farejou o corpo e cavoucou a terra. Surgiu uma mão, já em processo de decomposição. Apavorados, os garotos pediram socorro. A polícia foi avisada e, identificado como sendo o da revolucionária Anita Garibaldi, o corpo foi enterrado no cemitério de Ravenna, perto dali, numa urna de indigente.

As autoridades aproveitaram-se do fato de que o corpo tinha marcas na região do pescoço e divulgaram a versão, construída sob medida para comprometer Garibaldi, de que Anita havia sido assassinada. Mais tarde, soube-se que os dois homens responsáveis pelo enterro haviam amarrado o cadáver pelo pescoço para arrastá-lo por cerca de meio quilômetro – daí as marcas de enforcamento.

Garibaldi seguiu em fuga, sempre ajudado por Bonnet, que tratava de buscar novos apoios para que o líder revolucionário conseguisse escapar com vida. Se havia algo a lhe sustentar a vontade de viver, era o sonho de liberdade da Itália. E também seus filhos, dos quais cuidaria com o máximo de empenho, conforme prometera a Anita em seu leito de morte.

Bonnet organizou um sistema de comunicação por fogueiras em que uns avisavam aos outros se o caminho estava livre para que Garibaldi pudesse evoluir durante as noites. Foram dois meses até que Garibaldi conseguisse chegar a Porto Venere, na Ligúria. Nesse meio-tempo, Daniele Manin foi derrotado em Veneza, o que representava a perda do último reduto revolucionário. Chegava ao fim, melancolicamente, o período que entraria para a História como a Primeira Guerra pela Independência Italiana.

O NOVO EXÍLIO DO GUERREIRO

Nas cidades italianas retomadas pelos austríacos, mais de 15 mil prisioneiros passaram a ser submetidos a condições desumanas, além de tantos outros que foram sumariamente fuzilados. Com Garibaldi, no entanto, era diferente. Se o governo o matasse ou mesmo se apenas o mantivesse preso, estaria certamente provocando uma grande revolta popular num momento delicado. Ao mesmo tempo, sua presença seria incômoda na Sardenha num momento em que Vittorio Emanuele tentava acomodar todos os interesses em torno de seu reinado. Não queria dar a sensação de que estava dando guarida ao revolucionário, inimigo da França e da Áustria.

Ficou acertado, então, que Garibaldi deveria, mais uma vez, deixar a península italiana. Como parte do acordo, ele ganhou o direito de passar 24 horas em Nizza para se despedir da mãe e dos filhos – e enfrentar a difícil tarefa de comunicá-los a respeito da morte de mãe. Menotti estava com 9 anos, Teresita com 4 e Ricciotti com apenas 2.

Rosa estava bem idosa, sem a possibilidade de cuidar integralmente dos netos, de tal forma que Garibaldi contou com o compromisso de um primo, o advogado Augusto, e também da família de um amigo, Giuseppe Deidery, que já vinha prestando esse auxílio nos últimos anos. Deixou todo o dinheiro que tinha e a recomendação de que, em caso de necessidade, não hesitassem em vender a espada de ouro que ele ganhara como reconhecimento por seus feitos. Embarcou para Gênova sob grande comoção do povo de Nizza, dos amigos e da mãe – Garibaldi teve a certeza, naquele momento de despedida, de que não voltaria a vê-la.

E para onde iria Garibaldi? Inicialmente, para amenizar os protestos populares contra sua partida, as autoridades acenaram com a possibilidade de dar-lhe uma missão "oficial" em Montevidéu, no cargo de diretor da colônia italiana. Mas ele não aceitou, alegando que o Uruguai lhe traria muitas lembranças de Anita – a verdade, no entanto, é que não queria se afastar muito da Itália, pois acreditava que um dia ainda poderia voltar e contribuir para a sonhada unificação da pátria.

Entre as opções que lhe foram apresentadas, Garibaldi escolheu como destino a Tunísia, no norte da África. Partiu acompanhado de dois companheiros, o fiel major Leggero e Luiggi Cucell, ex-integrante da Legião Italiana no Uruguai. Mas a Tunísia vivia seus próprios conflitos políticos e o governo julgou que a presença de Garibaldi não seria bem-vinda naquele momento de turbulência, embora inicialmente tivesse concordado em recebê-lo. Sem autorização do soberano local para desembarcar, ele seguiu viagem no mesmo navio, o Trípoli, até a ilha de La Maddalena, ao norte da Sardenha, onde permaneceria sob vigilância até que fosse tomada a decisão sobre o seu novo destino.

Ali viveu um período de tranquilidade, pescando e caminhando à beira-mar. Conseguiu, assim, recuperar um pouco da saúde abalada pela artrite e pelo reumatismo, além dos efeitos da malária que havia adquirido na América do Sul. Torturava-se, no entanto, com a sensação de que os sacrifícios que fizera ao longo da vida haviam sido em vão e que seu destino, dali em diante, seria apenas envelhecer em um lugar tranquilo como aquele.

De La Maddalena, Garibaldi conseguia enxergar outra ilha, Caprera, que tinha esse nome por acomodar uma grande população de cabras num território de solo predominantemente rochoso, um tanto inóspito para a vida humana. "É num lugar assim, perto da natureza e longe dos homens, que eu desejo passar o resto dos meus dias", pensava.

O rei de Marrocos ofereceu guarida aos revolucionários, que foram levados a Tânger ao final de um mês de permanência em La Maddalena. Na cidade marroquina, Garibaldi viveu mais alguns raros momentos de paz, em que se dedicou a escrever a muitos dos seus amigos e iniciar a redação das *Memórias*.

Após sete meses em Tânger, ele decidiu seguir para os Estados Unidos, desta vez sem os dois companheiros. Tinha sido contatado alguns anos antes por representantes da marinha norte-americana, que desejavam contratá-lo.

Conhecer os Estados Unidos era um projeto antigo, e havia chegado o momento. Durante os quase dois meses de viagem a bordo do navio Waterloo, ele completou 43 anos.

Quando chegou a Nova York, no dia 30 de julho de 1850, foi calorosamente recebido pela colônia italiana e aclamado pela imprensa local. "Todos aqueles que conhecem seu caráter cavalheiresco e os serviços que prestou à causa da liberdade lhe darão o merecido acolhimento", publicou o jornal *The New York Times*, que definiu Garibaldi como "personalidade de renome mundial, herói de Montevidéu e defensor de Roma".

Garibaldi recusou homenagens e também as ofertas de benesses como a do sofisticado Astor Hotel, que se prontificou a hospedá-lo gratuitamente nos primeiros tempos em Nova York. Ele não se sentia digno de tudo isso, já que não atingira seu grande objetivo de vida. Nessas circunstâncias, não poderia ser considerado um vencedor. Como aceitar ser aclamado herói, portanto? Pensava, mais do que nunca, em viver uma vida comum.

Conseguiu um emprego numa fábrica de velas e lampiões pertencente ao italiano Florentin Antonio Meucci – que na verdade lhe ofereceu sociedade, mas Garibaldi não dispunha do capital inicial necessário. Ainda assim, Meucci jamais o trataria como empregado comum. Agia como amigo, não como patrão. Tolerava as faltas do amigo por problemas de saúde – o velho reumatismo continuava lhe torturando – e suas escapadelas durante o expediente para ir ver o mar.

Garibaldi permaneceu dois anos naquele emprego, período em que depurou suas tristezas e frustrações. A fábrica ficava em Staten Island, fora do epicentro da agitação em Nova York. Ao longo de todo esse tempo, ele ficou hospedado na casa da família de Meucci. Apesar das deferências que continuava recebendo dos compatriotas, essa fase representou, obviamente, uma mudança drástica em sua rotina. A atividade à qual se dedicava era monótona e não proporcionava o menor desafio a um homem acostumado a estar sempre com a vida em risco em meio a aventuras extremas.

> Um dia, fatigado com essa espécie de trabalho, ou talvez por efeito de uma agitação inata e habitual, abandonei a casa a fim de procurar outro ofício. Lembrei-me de que tinha sido marinheiro. Conhecia algumas palavras de inglês e fui ao porto, onde via navios mercantes que se carregavam ou se descarregavam. Aproximei-me de um deles e pedi para ser engajado como marinheiro.

Os homens o desprezaram. Por que diabos um velho com visíveis dificuldades para se locomover queria exercer uma função braçal como aquela? Garibaldi insistiu, dizendo que trabalharia até de graça, apenas para movimentar o corpo — mas nem assim foi acolhido.

Alguns meses depois, ele conseguiu um emprego em um navio mercante, comandado por um italiano amigo seu, Francesco Carpanetto. Como salvaguarda para evitar problemas por onde passasse, carregava um passaporte contendo a declaração oficial de que pretendia tornar-se cidadão estadunidense.

Com o novo emprego, Garibaldi voltou a manter contato com o mar, seu hábitat natural desde a infância. Seriam três anos de viagens a serviço de Carpanetto, como capitão. Correu o mundo, visitando das Filipinas à Austrália. Teve contato com todo tipo de lugar, de gente, de situação, de doenças. Mais alguns capítulos de uma experiência que poucos homens acumulam na vida, ainda mais naqueles tempos de transportes e comunicações precários.

Numa das viagens mais marcantes, esteve no Peru — onde, na cidade de Paita, visitou uma heroína dos Andes, a líder revolucionária Manuela Sáenz, viúva de Simão Bolívar, que se encontrava idosa e presa a uma cadeira de rodas. As marcas deixadas nas vidas de ambos levaram a uma empatia imediata. Passaram horas conversando — e o adeus foi emocionado, como quem deixa para trás uma parte da própria história.

Em Lima, Garibaldi se envolveu em uma pequena confusão. Um francês que havia integrado as tropas do general Oudinot e agora morava no Peru resolveu insultá-lo em um artigo publicado por jornal local, afirmando que Garibaldi não passava de uma "caricatura de herói", que alguns tinham tentando "transformar em gigante enquanto ele não passava de um pigmeu". Apoiado pela colônia italiana local, Garibaldi foi tomar satisfações com o homem, que convocou a colônia francesa para se defender. Chegou a ser registrada troca de tiros, sem vítimas.

Garibaldi tornou-se capitão de um grande navio mercante, o Carmen, a bordo do qual partiu rumo à China e passou pelos lugares mais insólitos do planeta — Indonésia, Austrália, Tasmânia. Em meio a esse período de viagens pelo mundo, recebeu a notícia da morte da mãe, em março de 1852.

> Rosa Raimondi, minha mãe, era, digo-o com bastante orgulho, o modelo das mulheres. Todo o bom filho deve dizer o mesmo de sua mãe, mas nenhum o dirá com mais justiça do que eu. Um dos remorsos de minha vida, talvez o

maior, foi e será o de ter tornado desgraçados os seus últimos dias. Só Deus sabe o quanto ela sofreu com a minha vida aventureira, porque só Deus sabe o imenso amor que minha mãe me consagrava. Se em mim existe algum sentimento bom, confesso-o com bastante ufania, é a ela a quem o devo.

De volta aos Estados Unidos, já lidando melhor com seus fantasmas, Garibaldi reiniciou a correspondência com Mazzini e outros dos antigos companheiros, que havia suspendido completamente. Soube que a situação política na Itália estava se modificando com a indicação de Camillo Benso, o conde de Cavour, conhecido como Camillo di Cavour, para assumir o cargo de chefe de governo do reino do Piemonte-Sardenha, no lugar de Massimo d'Azeglio.

Como ministro das Finanças, Cavour criara mecanismos de taxação e confisco para sufocar o funcionamento das ordens religiosas. Pretendia, com isso, reduzir a influência da Igreja no reinado, para criar um Estado moderno e laico, capaz de liderar a futura Itália unificada. Turim já vinha se tornando essa referência natural para os liberais e patriotas, pois oferecia mais liberdade que as outras cidades da península e um ambiente propício à discussão e ao debate.

Com Cavour no poder, esse perfil se acentuaria e o desenvolvimento da infraestrutura seria acelerado, com a construção de ferrovias, a modernização do porto de Gênova, o incentivo às indústrias e a criação de instituições financeiras para crédito de empreendedores. Uma das próximas metas era ampliar o poder das forças armadas, que haviam se mostrado incapazes de superar as tropas austríacas. O orçamento destinado ao exército foi generosamente ampliado.

No final de 1853, mais animado com a possibilidade de voltar à pátria, Garibaldi foi contratado como capitão de um veleiro de grande porte, o Commonwealth, com a missão de partir para Londres e dali para Newcastle, onde embarcaria uma carga de carvão a ser levada para Gênova. Ele decidiu que arriscaria fazer a viagem para rever sua Nizza e seus filhos – e, quem sabe, encontrar condições adequadas para retomar a luta pela unificação da Itália.

O Commonwealth partiu de Baltimore, porto em que o navio se encontrava, para Londres, onde Garibaldi teve a oportunidade de reencontrar Mazzini, incansável na missão de difundir suas ideias. O encontro se deu durante um jantar, na casa do cônsul dos Estados Unidos, que reuniu exilados de vários países. Um dos presentes era o embaixador James Buchanan, que menos de quatro anos depois se tornaria presidente dos Estados Unidos.

Com a reaproximação de Garibaldi, Mazzini pôs-se mais uma vez a envolvê-lo em seus planos. Juntos, traçaram uma estratégia: Garibaldi desembarcaria na Sicília e iniciaria ali uma caminhada patriótica em que convocaria todos os italianos a lutar pela unidade da península. O revolucionário mostrava-se mais obstinado do que nunca, pois estava convicto de que sua trajetória de vida só faria sentido se o sonho da unificação se concretizasse.

Mazzini reconhecia que só Garibaldi tinha força moral para liderar uma coluna que percorresse o país. Mas, nessa eterna relação de amor e ódio, os dois voltaram a discordar no mesmo ponto crucial: Mazzini insistia na ideia de que a unidade italiana só valeria a pena sob o regime republicano, enquanto Garibaldi continuava acreditando que o mais importante era obter a unificação, livrando a península da dominação estrangeira. Ter um rei italiano, soberano sobre todas as províncias, era uma hipótese a ser considerada. Além do mais, no íntimo, ele considerava que a população não estava ainda madura o suficiente para a República.

Na visita à Inglaterra, Garibaldi foi muito assediado – em todos os sentidos, inclusive pelas mulheres, que faziam questão de demonstrar a admiração que sentiam por um homem que havia se tornado um verdadeiro mito, capaz de fascinar tanto pela firmeza do caráter quanto pela aparência. Maduro e viril, com olhos azuis e barba espessa, corpo atlético e cabelos longos – embora a calvície já começasse a se manifestar na região acima da testa –, parecia um personagem saído diretamente dos romances de "capa e espada". Uma das muitas mulheres que se interessaram por ele ao longo da vida, a escritora Jessie White Mario, assim o descreveu:

> Era bonito, e de aspecto másculo, a cabeleira dourada caída nos ombros; a parte inferior do rosto bronzeado coberta por uma espessa barba avermelhada. Usava um chapéu à calabresa, com uma longa pena negra de avestruz e uma camisa vermelha debaixo do poncho branco americano. Vendo-o montado num cavalo, mais parecia ter nascido ali, de tanto que cavalo e cavaleiro pareciam uma coisa só; mas quando andava, logo se via o marinheiro acostumado a equilibrar-se na ponte.

Entre as mulheres que conheceu em Londres, Garibaldi criou um laço mais profundo com Emma Roberts, integrante da alta sociedade local, de quem se tornaria noivo. Mas Garibaldi nunca se acostumaria a uma vida ligada a eventos sociais – o tipo de compromisso do qual, cada vez mais, queria distância. "Um criado a cada passo, três à mesa. Um mês dessa vida e eu morreria", escreveu. Por essa razão romperia o noivado, mas continuaria amigo de Emma.

DE VOLTA AOS CAMPOS DE BATALHA

Garibaldi seguiu para Gênova, cumprindo os planos originais de sua viagem. Não foi impedido de desembarcar, mas Cavour mandou-lhe um recado: "Se vem apenas para ver sua família e seus filhos, não o incomodaremos. Mas se tem a intenção de agir em nome de Mazzini, não lhe toleraremos a presença um só minuto."

Cavour queria distância das ideias de Mazzini, mas tinha interesse em se aproximar de Garibaldi, sabendo do peso da sua imagem entre a população. Era favorável à ideia da unificação, mas sabia que o objetivo dependia da convergência de diversos interesses. Não acreditava que o reino do Piemonte-Sardenha poderia, sozinho, enfrentar as forças austríacas. Seria preciso atrair não apenas os demais Estados da península italiana, mas também buscar a associação com alguma potência europeia que desse a Viena a sensação de isolamento.

Na França, contudo, as coisas se encaminhavam na direção oposta: o presidente da República se proclamara imperador, como o nome Napoleão III. Enfrentava grande resistência da população, que não aceitava o retorno ao despotismo que se desenhava dia após dia. Ironicamente, tratava-se de um antigo carbonário que traía os princípios que defendera na juventude.

Era dia 10 de maio de 1854 quando Garibaldi desembarcou em Gênova, em meio a uma terrível epidemia de cólera, que fez com que sua chegada passasse praticamente despercebida. Logo depois de visitar Menotti, que estava com 14 anos e estudava como interno em um colégio da cidade, ele partiu para Nizza para reencontrar os outros filhos, após cinco anos de afastamento.

Teresita tinha 10 anos e estava bem adaptada vivendo com a família Deidery. Apenas Ricciotti, com 7 anos, se mudaria com Garibaldi para a pequena casa que ele alugou. Não permaneceria por muito tempo, no entanto: o menino começou a apresentar problemas motores numa das pernas, depois de fraturá-la em um acidente com uma carroça, e foi levado por Emma para buscar tratamento em Londres. Mesmo depois de curado continuaria por lá, com a concordância de Garibaldi, estudando em um colégio de Liverpool e sob os cuidados da amiga.

As mortes de dois irmãos – Angelo, em 1853, e Felice, em 1855 – fizeram Garibaldi ser beneficiado por heranças. Mais ou menos nesse período, recebeu também uma boa quantia referente a soldos em atraso. Assim, pôde realizar o sonho de morar em uma ilha: comprou metade de Caprera, justamente o lugar isolado e selvagem que ele vira de longe alguns anos antes e que desde então habitava seu imaginário. A outra metade da ilha pertencia a um oficial aposentado da marinha britânica.

Certo de que Caprera era o cenário tranquilo em que desejava passar os últimos anos de sua vida, Garibaldi construiu uma casa ali, à qual batizou simplesmente de Casa Bianca. Depois de mais de um ano de preparativos, mudou-se em 1857, levando Menotti e Teresita com ele, enquanto Ricciotti continuava na Inglaterra.

Na ilha, o outrora indomável revolucionário costumava acordar cedo para subir num rochedo, de onde contemplava o mar durante longos momentos, como se estivesse em profundas reflexões. Era uma espécie de terapia que ele cumpria sempre sozinho, mesmo quando tinha visitas. Muitos amigos e antigos legionários iam vê-lo. O *condottieri* recebia a todos afetuosamente, desde que se dedicassem também ao trabalho durante a estadia.

Garibaldi decidiu se dedicar a uma nova atividade, a agropecuária, com a missão de transformar o solo árido em um jardim frutífero. Passou a cultivar figueiras, pessegueiros, amendoeiras, oliveiras e uvas para a produção de vinhos, além de criar gado, frangos e porcos. Construiu, ainda, um pombal, investindo um bom tempo no cuidado dos pássaros. À tarde, se lançava à tarefa de ler e responder às correspondências que continuava recebendo em grande volume. Escrever era um hábito que ele manteve ao longo de toda a vida, mesmo nos momentos mais difíceis nos campos de batalha.

Em 1859, Garibaldi voltaria a se tornar pai. Foi quando nasceu Ana Maria Imeni Garibaldi, desde cedo apelidada de Anita, filha com sua governanta em Caprera, Battistina Raveo. Os dois se conheceram em Nizza e Garibaldi a levou para viver na ilha. Era uma jovem simples, analfabeta, de apenas 18 anos. Ele reconheceu a filha desde o início e, com a concordância de Battistina, fez questão de colocar-lhe o nome da amada que lhe deixara tão precocemente.

Não muito tempo depois, ele recebeu uma carta assinada por Marie Esperance von Schwartz, filha de um conhecido banqueiro, que se apresentava como jornalista interessada em entrevistá-lo. Era uma mulher cosmopolita, viajada, que usava o pseudônimo Elpis Melena. Acabou ficando um mês em Caprera, tempo suficiente para que os dois tivessem um envolvimento amoroso, incluindo uma ardente troca de correspondências a partir da volta dela a Roma. Garibaldi a chamava de "Speranza mia".

Quando Garibaldi a pediu em casamento, Marie recusou. Ter vivido um romance com o famoso aventureiro era uma coisa, mas ela não queria se mudar em definitivo para Caprera e assumir, naquele lugar isolado do mundo, as responsabilidades de esposa – incluindo a de cuidar dos filhos de Garibaldi.

Enquanto tudo isso acontecia na vida privada de Garibaldi, o projeto de unificação da Itália avançava nos bastidores. Cavour reunia-se com Napoleão III para costurar um acordo. Arrancou o compromisso de que, caso o Piemonte-Sardenha declarasse guerra à Áustria, teria o apoio da França. Uma vez expulsos os austríacos, a França receberia em troca Nice e Savoia.

Foi nesse ponto que Cavour entrou em contato oficialmente com Garibaldi com uma missão: assumir o comando de um grupo de voluntários, os Caçadores dos Alpes, na luta contra os austríacos. Ao justificar o convite ao polêmico revolucionário, Cavour declarou:

> Só há um meio de não se deixar envolver por Garibaldi: é lutar com ousadia com ele e não lhe deixar o monopólio da ideia unitária que exerce hoje sobre as massas populares uma fascinação irresistível. É claro que não escondo os perigos desta situação, mas os fatos são mais fortes que os homens.

A resposta de Garibaldi foi mais ou menos na mesma moeda: aceitando a missão, mas deixando claro que não morria de amores pelos novos aliados:

> Fui e sou republicano; isso posso dizer com orgulho. Mas como a República não é possível no momento, seja em razão da corrupção desta sociedade, seja por causa da solidariedade que une as monarquias modernas, e como a ocasião se apresenta de unificar a península, unindo as forças da dinastia e as forças nacionais, eu me junto por inteiro a este projeto.

Enquanto Garibaldi se mostrava flexível ao entrar em acordo com Cavour, Mazzini permanecia irredutível na sua posição a favor da ideia de República – e isso o deixava cada vez mais isolado. Garibaldi foi, então, encontrar-se com o rei Vittorio Emanuele – que, devidamente orientado por Cavour, o tratou com deferência e respeito, bem diferente da forma como seu pai, Carlos Alberto, o havia recebido alguns anos antes. Ao discursar no parlamento de Turim, dias depois, o rei usou palavras meticulosamente planejadas para dar a entender que a guerra estava próxima. "Não podemos ser insensíveis ao grito de dor que nos chega de toda parte da Itália", disse.

Logo Garibaldi estava de volta aos campos de batalha. Aos 52 anos e com a mobilidade cada vez mais comprometida pela artrite, mas com o mesmo entusiasmo da juventude. Havia passado os últimos cinco anos em Caprera – um período de reclusão sobre o qual ele próprio fez questão de deixar poucos registros. "A fase que medeia entre minha chegada em Gênova, em maio de 1854, e minha partida de Caprera, em fevereiro de 1859, é destituída do mínimo interesse", definiria mais tarde.

Mais de 9 mil voluntários se apresentaram à primeira chamada de Garibaldi. Os mais jovens e atléticos foram, contudo, destinados às tropas regulares. Garibaldi ficou com a "sobra", já acostumado a trabalhar com a mão de obra disponível, que era sempre muito distante da ideal. Os homens foram divididos em três colunas não muito bem armadas, mas elegantemente vestidas com uniforme azul escuro e detalhes em dourado. Uma das colunas passou a ser liderada por Menotti, o filho mais velho de Garibaldi, que acabara de completar 19 anos – era uma grande emoção para o pai ter o filho ao seu lado.

Ao aliar-se secretamente às grandes potências e trazer Garibaldi para o seu lado, Cavour havia construído habilmente as condições para declarar a guerra à Áustria. Desinformado sobre os acordos de bastidores, o governo de Viena desdenhava da capacidade de combate dos sardos e enviou um aviso, no qual ordenava a desmobilização imediata do exército rival, sob pena de uma invasão imediata de Turim, o epicentro da agitação.

Em vez de apreensão, o ultimato austríaco foi recebido com alegria pelo astuto Cavour. O acordo com Napoleão III exigia que fosse criada uma situação que levasse a entender que a primeira agressão estava partindo da Áustria. A França agiria, dessa forma, em defesa da pobre Sardenha ameaçada pelo inimigo poderoso. Iniciava-se a Segunda Guerra da Independência Italiana.

Depois de algumas semanas de movimentações, a primeira batalha importante dos Caçadores dos Alpes ocorreu em Varese, no dia 26 de maio, quando as tropas do general austríaco Karl Urban foram derrotadas sob intensa chuva. Garibaldi demonstrou nessa ocasião toda a experiência e sangue-frio adquiridos nos muitos anos de batalhas. Levando ao extremo uma estratégia que frequentemente utilizara no passado, determinou a seus homens que aguardassem os avanços dos inimigos e só iniciassem os disparos quando eles estivessem a 50 metros de distância. Assim teriam mais munição e poderiam finalizar o confronto com suas baionetas. A estratégia deu certo. O confronto causou apenas 22 baixas do seu lado, contra 105 do outro.

Garibaldi seguiu com seus homens rumo a Como, onde encontrou pouca resistência dos austríacos e foi recebido pela população aos gritos de "viva". Todos queriam chegar perto dele, cumprimentá-lo. Os Caçadores dos Alpes seguiram à margem do famoso lago de Como até chegar a Bérgamo, onde se apoderaram de grande quantidade de armamento deixado ali pelos austríacos. A essa altura, sua tropa já chegava a 12 mil homens, com as muitas adesões conquistadas pelo caminho.

Enquanto isso, em Magenta, 54 mil homens liderados por Napoleão III derrotaram um número ligeiramente superior – algo em torno de 60 mil – de soldados comandados pelo imperador Francisco José I. Com a derrota, os austríacos se viram impelidos a abandonar Milão, a 30 km dali. No dia 8 de junho de 1859, Vittorio Emanuele II e Napoleão III entraram juntos na cidade, sob comemorações entusiasmadas da população.

Não tardaria, contudo, para que Napoleão III fechasse um surpreendente acordo com Francisco José I. A Lombardia seria entregue pela Áustria à França, que a repassaria ao comando do rei da Sardenha, mas os Estados do centro da Itália – Toscana, Módena e Parma – seriam destinados aos seus antigos soberanos, enquanto Veneza continuaria sob domínio da Áustria. A França decidiu que era o momento oportuno de esfriar os conflitos e providenciar um acordo com a Áustria, inimigo muito forte para ser afrontado de forma tão direta.

Representando o lado mais fraco entre os três envolvidos no conflito, Vittorio Emanuele se viu obrigado a aceitar as condições. Cavour foi pego de surpresa pelo acordo de gabinete e se sentiu traído pela França, pois a conquista da Lombardia parecia uma recompensa muito pequena diante do mérito de ter derrotado os austríacos. Por que não seguir adiante e fazer com que os Estados centrais se juntassem também ao domínio da Casa de Savoia?

Ao se reunir com Vittorio Emanuele e cobrar atitudes – afinal, mais de 40 mil homens haviam morrido nos campos de batalha –, Cavour perdeu a compostura e desacatou o rei, que imediatamente o destituiu do cargo de primeiro-ministro. Pressionado por parlamentares que deram certa razão a Cavour, o rei se viu obrigado a voltar atrás. A imagem de Vittorio Emanuele ficou arranhada entre os italianos e Cavour, de volta ao seu cargo, ganhou força com o episódio.

Outra vez desanimado e desapontado com os homens a quem devia fidelidade, Garibaldi evitou fazer reclamações públicas, mas não se conformou com
o desfecho de mais esse capítulo da luta contra o domínio estrangeiro na Itália.
Tentou, de alguma forma, ver algo de bom na forma como as coisas estavam
se encaminhando, entretanto. Passou a defender a ideia de que ficava cada vez
mais claro que a Itália poderia conquistar sua independência e unidade com as
próprias forças, sem a ajuda de ninguém.

Garibaldi pediu demissão do cargo de general do exército piemontês,
abandonou o comando dos Caçadores dos Alpes, dispensou seus homens e
voltou à ilha de Caprera. Tinha alguns planos em mente e precisava de sossego
para pensar nos próximos passos.

Nesse meio-tempo, tratou de cuidar das coisas do coração. Ele não
conseguia esquecer uma mulher que conhecera rapidamente em Varese, a
jovem e bela marquesa Maria Carolina Giuseppa Raimondi, desde pequena
chamada de Giuseppina, de apenas 18 anos. Seu pai era o rico marquês
Giorgio Raimondi, que admirava tanto Garibaldi que resolveu homageá-
-lo ao batizar a filha. Coincidentemente, Raimondi era o nome de solteira
da mãe de Garibaldi, Rosa.

Ele procurou Giuseppina, a quem se declarou apaixonado, revelando o
desejo de se casar com ela. A intenção foi considerada uma honra pelo pai da
jovem e o casamento ficou marcado para alguns meses adiante.

Antes, no entanto, era preciso cumprir a promessa que fizera no leito de
morte de Anita. Em setembro de 1859, Garibaldi voltou a Ravenna para buscar
os restos mortais da companheira e levá-los para Nizza, acompanhado pelos
filhos Ricciotti, então com 12 anos, e Teresita, com 14. Era como se precisasse
encerrar esse capítulo de sua vida sentimental antes de iniciar outro.

Garibaldi sabia, também, que o revivamento da comovente e trágica história,
em meio à *via crucis* que faria até lá, seria uma forma não explicitamente política de mobilizar a população. Por isso divulgou o quanto pôde os seus planos.
O objetivo da viagem foi amplamente noticiado pela imprensa e, ao passar por
diversas cidades no caminho para Nizza, em uma procissão propositadamente
dramática e morosa, Garibaldi reforçou o clima de comoção popular com a
sua missão. Era uma forma de consolidar a propaganda da unificação da Itália e
reforçar a própria imagem como herói que se sacrificara pela pátria – e também
a imagem de Anita, que se tornaria dali em diante uma heroína cultuada com
fervor pelos italianos.[2]

Chegou, então, a data marcada para o casamento de Garibaldi e Giuseppina, em janeiro de 1860, na capela da Vila Raimondi. Logo depois da cerimônia, entretanto, ele recebeu uma carta, anônima, que descrevia atos de infidelidade praticados pela jovem. A carta dizia que ela estava grávida de um oficial da cavalaria, Luigi Caroli, com quem mantinha um relacionamento mesmo depois de ter noivado com Garibaldi. Ele exigiu explicações de Giuseppina. Ela confessou tudo, inclusive que planejava fazer parecer que o filho era de Garibaldi – foi por isso que, já sabendo da gravidez, entregou-se a ele antes do casamento.

A união acabou ali, mas o processo oficial de anulação se arrastaria por nada menos que 20 anos, até ser concluído por interferência do papa a favor de Garibaldi. Embora Giuseppina tenha se unido a Luigi depois do episódio, os dois ficaram juntos por poucos meses. Ele a abandonou ainda antes do nascimento do bebê. A criança morreu pouco depois do parto, realizado prematuramente.

Luigi viria a morrer com apenas 31 anos. Havia sido levado para a Sibéria, dois anos antes, após ter sido aprisionado como integrante de um grupo de voluntários italianos na revolução polonesa contra o czarismo russo e o imperialismo austríaco. Junto com outros prisioneiros, chegou a ser condenado à forca, mas a pena foi convertida para 12 anos de trabalhos forçados. Caroli não resistiu às más condições da prisão e morreu antes de cumprir a pena.

Enquanto Garibaldi virava motivo de chacota quando a história da traição pela jovem noiva se espalhou, Cavour ampliava seu poder. Algumas bases do acordo entre Vittorio Emanuele e Napoleão III voltaram a ser discutidas nos bastidores, especialmente a anexação das províncias do centro italiano pelo Piemonte. Como compensações pela guerra do ano anterior e moeda de negociação, ficou acertada a transferência para a França da posse de Savoia e do condado de Nizza – que voltaria a se chamar Nice, seu nome francês. As respectivas populações aprovaram em plebiscito a mudança. Era um acordo de certa forma conveniente para o reino sardo, que há muito tempo havia voltado suas atenções ao centro da Itália e deixado Nizza em segundo plano.

OS MIL DE GARIBALDI

Garibaldi voltou a Caprera para esquecer a desilusão com a jovem Giuseppina e a tristeza de ver sua cidade deixando de ser italiana – com o apoio em massa da população, o que soava ainda mais decepcionante para ele. Desta vez seria por

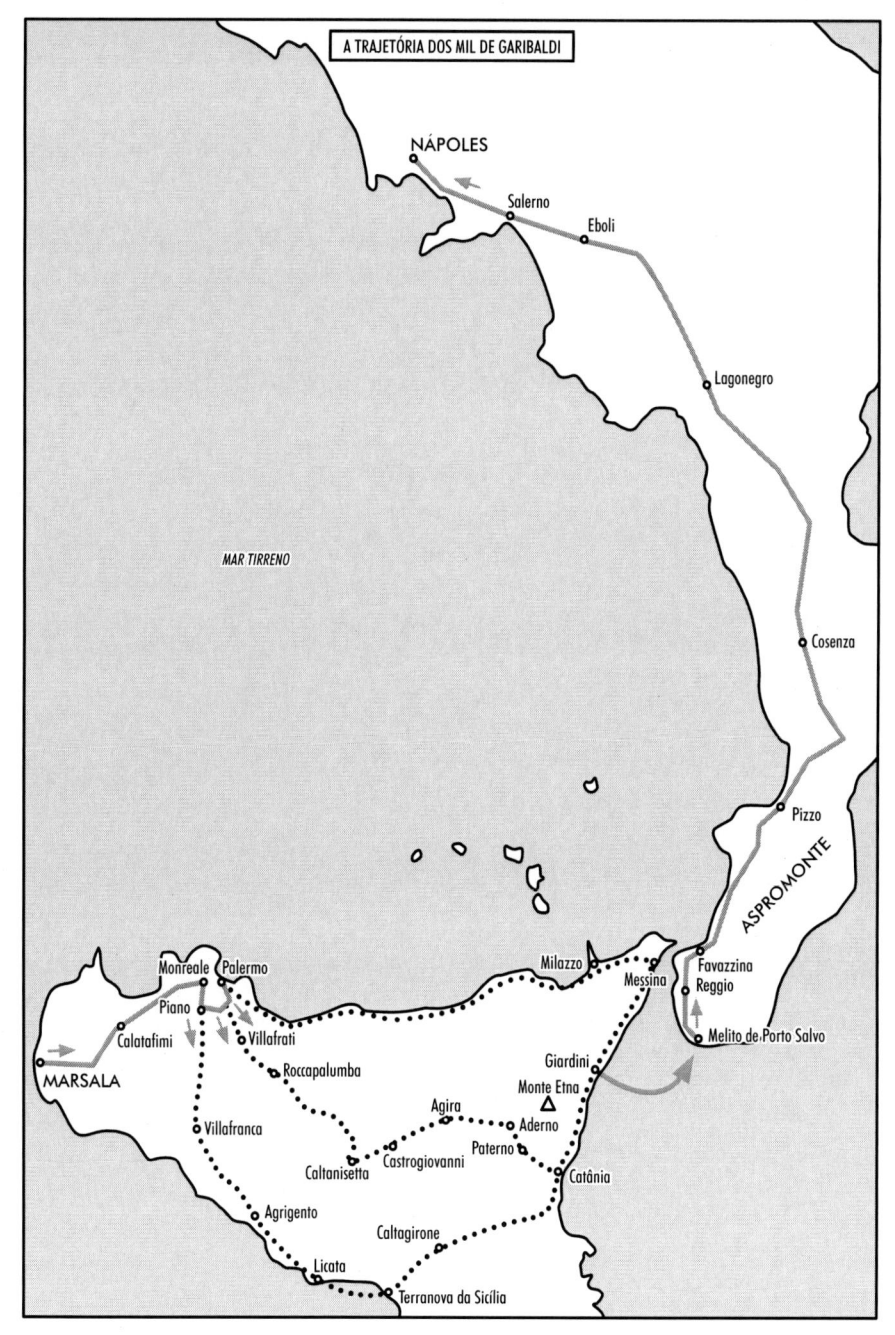

A TRAJETÓRIA DOS MIL DE GARIBALDI

Roteiro da expedição entre Marsala e Nápoles, em 1860.
Durante parte do trajeto, na Sicília, o grupo se dividiu em três.

pouco tempo, contudo. Logo estaria novamente dedicando atenção total à causa da liberdade italiana.

O reino das Duas Sicílias, ao sul da Itália, vivia um período de grande turbulência social e econômica, especialmente em seus dois maiores centros, Nápoles e Palermo. Era uma região mais pobre que as demais, com maiores índices de pobreza e analfabetismo, e tomada pela corrupção e violência. A máfia mandava e desmandava, situação contra a qual o jovem soberano Francisco II se mostrava impotente. O Sul se sentia abandonado, e era de fato considerado um estorvo, mesmo por aqueles que planejavam a unidade italiana. Cavour imaginava que um dos grandes problemas da Itália unificada seria carregar essa região como um peso morto.

Havia ali uma revolta pronta para entrar em erupção. Dependia apenas de um líder que canalizasse toda a energia reprimida. Garibaldi decidiu, então, que concentraria seus esforços no Sul. Teve a ideia de lançar uma campanha chamada "Um milhão de fuzis, um milhão de homens", em que pedia doações à população para que a causa pudesse ser levada adiante. Ainda que não estivesse claro como seriam as ações, muitas pessoas acreditavam em Garibaldi a ponto de enviar suas contribuições.

O Comitê Siciliano, criado em Gênova para lutar pela melhoria das condições de vida naquele reino, convidou Garibaldi a liderar uma expedição que percorresse a região – uma forma supostamente disfarçada, mas nem tanto, de pregar a insurreição. Garibaldi aceitou mais esse desafio e, antes de partir, consultou o rei Vittorio Emanuele sobre um possível apoio. Escreveu-lhe:

> Senhor, o grito de socorro que vem da Sicília tocou meu coração e o de algumas centenas de meus ex-soldados. Eu não aconselhei a insurreição de meus irmãos da Sicília, mas após a sublevação deles pela unidade italiana, representada na pessoa de Vossa Majestade, contra a mais vergonhosa das tiranias dos tempos modernos, não hesitei em me colocar à frente da expedição... Nosso grito de guerra será sempre "Viva a unidade italiana! Viva Vittorio Emanuele, seu primeiro e mais valoroso soldado"[...] Se somos vencedores, terei a glória de enfeitar vossa coroa com um novo e talvez seu mais esplendoroso florão, entretanto com a única condição de que jamais permitireis aos vossos conselheiros que a entreguem a estrangeiros, como fizeram com a minha cidade natal.

Orientado por Cavour, o rei respondeu a Garibaldi que não poderia prestar apoio oficial, como armas e uniformes, para não se indispor com as potências europeias. E deixou subentendido que já estaria fazendo um grande favor se não lhe criasse obstáculos. Algum tempo depois, ao ser interpelado pelo governo inglês a respeito dos movimentos de Garibaldi, Cavour responderia: "O governo do rei deplora essa missão. Ele não a ajuda, mas não pode detê-la e tampouco combatê-la."

Vittorio Emanuele e Cavour apostavam suas fichas em Garibaldi, com a vantagem de que não tinham muito a perder se ele fracassasse. Imaginavam que, uma vez unida a Itália sob o cetro da monarquia, a onda de contentamento e esperança que tomaria conta da população lhes daria condições de resistir às investidas republicanas. E acreditavam que, conquistada a unidade, Garibaldi não se tornaria um inimigo – talvez até se consolidasse como aliado, especialmente diante do convite para um cargo importante.

Garibaldi interpretou a resposta de Vittorio Emanuele como um apoio, ainda que não assumido. Passou a dizer que tinha como meta se apoderar da Sicília e de Nápoles em nome do rei. Vestido com o antigo uniforme, coberto pelo poncho que se tornou sua marca registrada, partiu para Gênova – onde começou, mais uma vez entre tantas ao longo da sua trajetória, a recrutar voluntários.

Chegavam homens de todos os cantos da Itália para servir à causa, além de estrangeiros exilados – a exemplo de ingleses, alemães e húngaros, cada um deles com motivos próprios para se unir a Garibaldi. Como sempre, ele não exigia experiência: bastavam o idealismo e a vontade de lutar. Avisou que os recursos eram limitados e que talvez fosse preciso enfrentar os inimigos apenas com paus e pedras. "Na mão de um homem de coragem, qualquer arma serve", costumava dizer nesses momentos.

Assim que conseguiu recrutar mil homens, Garibaldi fez um acordo com uma companhia de navegação, que cedeu dois navios, o Lombardo e o Piemonte. O grupo partiu então de Gênova rumo à Sicília, onde insurreições já ocorriam por conta de ações conspiratórias coordenadas por Francesco Crispi, um advogado que se tornara homem de confiança de Mazzini e com o qual Garibaldi estava em contato. Essas rebeliões haviam sido fortemente combatidas, a ponto de serem controladas por um momento – mas eram como brasas depois de um incêndio, sempre prontas para reacender.

Começava a trajetória de um grupo que entraria para a história como a "Expedição dos Mil", ou "Os Mil de Garibaldi", cujo símbolo era uma estrela

Lombardi Historical Collection, 1865.

Ao lado, voluntário dos Mil de Garibaldi e abaixo parte do grupo reunido: seduzidos pelo discurso arrebatador e o exemplo do líder.

Anônimo, ca. 1860.

bordada no peito do uniforme. Cinco dias depois, a nova legião desembarcava em Marsala, a 150 km de Palermo. Os homens de Garibaldi se apropriaram do tesouro público local e compraram mantimentos, pagando à vista aos comerciantes – fato que aumentou a simpatia que a presença deles provocava ali. Alimentados e felizes, os Mil cantavam alegremente, com pedaços de pães espetados em suas baionetas.

Garibaldi discursava com entusiasmo pelo fim da dinastia dos Bourbons na Sicília quando quatro navios vindos de Nápoles se posicionavam para impedir a saída do Lombardo e do Piemonte. As duas embarcações foram, então, tomadas pelos napolitanos e a bandeira tricolor da Itália substituída pela branca que simbolizava o poder dos Bourbons. Garibaldi deu pouca importância a esse fato, pois a estratégia que traçara a partir dali era mesmo a da ação por terra. Os barcos já haviam cumprido sua missão, que era trazê-los até ali.

Com Garibaldi à frente, seguido de perto pelo filho Menotti e por Giorgio Manin, filho do homem que lutara incansavelmente pela libertação de Veneza, os Mil – na verdade exatos 1.087 homens – iniciaram caminhada por terra, acossados inicialmente pelo bombardeio que vinha do mar. Ao longo do trajeto, foram conquistando adesões e espalhando uma convocação por escrito: "Às armas todos! Os sicilianos mostrarão que são capazes de se libertarem por si."

Dirigiram-se à próxima vila, Salemi, onde imaginavam encontrar resistência do exército napolitano, mas foram surpreendentemente recebidos com gritos de "viva" e oferta de comida e bebida. Até uma banda de música surgiu para executar canções patrióticas.

Ali Garibaldi se autoproclamou "ditador da Sicília", dizendo-se representante de Vittorio Emanuele, a quem passou a chamar rei da Itália. Na condição de ditador, passou a redigir e divulgar seus primeiros decretos. Convocou para o serviço militar todos os homens entre 17 e 50 anos e aboliu uma série de impostos, para conquistar de vez a simpatia da população. Saiu de Salemi com 500 homens a mais em seu exército, crescente tanto em volume quanto em entusiasmo. O armamento ia ganhando o reforço de tudo o que havia disponível nas localidades por onde a legião passava. Mais cedo ou mais tarde, seria inevitável enfrentar o exército napolitano.

O encontro ocorreu no povoado de Calatafimi, em 15 de maio de 1860, quatro dias depois do desembarque das tropas de Garibaldi. Impulsionados pelo grito de guerra do líder – "Aqui faremos a Itália ou morreremos" –, os Mil superaram um exército napolitano com 2 mil homens bem armados. Esse fato desmoralizou o comandante rival, o general Francesco Landi, já que a vitória dos homens de Garibaldi foi amplamente noticiada pela imprensa, que a essa altura acompanhava cada passo dos revolucionários no Sul da Itália.

Por se tratar de um terreno montanhoso, cheio de caprichos do relevo e com muitos muros que separavam as propriedades, Garibaldi percebeu que a estratégia mais eficiente de abordagem não seria a artilharia, e sim o corpo a corpo, baioneta contra baioneta. Nesse estilo de combate, de cada dois homens que se enfrentavam, um fatalmente caía morto ou ferido – ou até mesmo os dois. Do lado das tropas de Garibaldi, as baixas, entre mortos e feridos graves, passaram de 200. Apesar das perdas, a batalha seria mais tarde classificada por Garibaldi como fundamental:

> A vitória de Calatafimi foi incontestavelmente decisiva para a brilhante campanha de 1860. Era realmente necessário iniciar a expedição com uma grande vitória do exército. Isso desmoralizou o adversário, que, graças à sua fértil imaginação meridional, contava maravilhas a respeito do valor dos Mil. Havia entre eles aqueles que tinham visto as balas das suas carabinas ricochetearem no peito dos militantes da liberdade como se tivessem atingido uma placa de bronze.

Garibaldi e seus comandados saíram do campo de batalha de Calatafimi ainda mais autoconfiantes. Sabiam que o povo estava em peso ao lado deles, e que esse apoio seria fundamental para continuar resistindo ao poderoso exército inimigo.

Com as notícias se espalhando rapidamente por toda a Sicília, o povo começou a agir por conta própria, enfrentando os soldados que representavam os Bourbons. Vários foram assassinados e tiveram os cadáveres expostos nas ruas. A convulsão social ameaçava sair do controle.

A adoração que a figura de Garibaldi despertava entre a gente simples do povo se aproximava, cada vez mais, da devoção dedicada a um santo. Sua figura assumia um contorno messiânico. Muitos chegavam ao ponto de se ajoelhar diante dele. O próprio Garibaldi, influenciado talvez pelas lembranças da fé de sua mãe, reforçou sua crença em Deus e no fato de que sua missão carregava algo de sagrado. Sentia que havia sido de alguma forma "escolhido" para liderá-la.

Garibaldi acreditava ser portador de algum tipo de sensibilidade apurada, um sexto sentido que lhe fazia tomar as decisões certas e o ajudou a escapar com vida de tantas situações em que a foice da morte estava de prontidão ao seu lado. "Há em nosso ser, fora da inteligência, algo que não se conhece e que não se pode explicar e cujo efeito, mesmo que confuso, é uma espécie de previsão que torna feliz ou infeliz", ensaiou, certa vez, ao tentar descrever essas sensações.

O célebre escritor francês Victor Hugo demonstrava todo seu encantamento pela figura romântica do revolucionário:

> Garibaldi? Quem é este Garibaldi? É um homem, nada mais que isso. Mas um homem na plena acepção sublime da palavra. Um homem da liberdade; um homem da humanidade. [...] Ele tem um exército? Não. Um punhado de voluntários. Munições de guerra? Nada. Pólvora? Apenas alguns barris. Canhões? Os dos inimigos. Qual é sua força? O que o torna um vencedor? O que ele possui? A alma dos povos. Ele vai, corre, sua marcha é um rastilho de fogo, seu punhado de homens petrifica os regimentos, suas armas débeis são encantadas, as balas de suas carabinas fazem frente aos tiros de canhão; ele traz consigo a Revolução; e, periodicamente, no caos da batalha, na fumaça, no clarão, como se fosse um herói de Homero, percebe-se atrás dele a deusa.

Enquanto a evolução dos Mil ia sendo noticiada, aumentava a pressão do restante da Europa sobre Vittorio Emanuele e especialmente Cavour, considerado o mentor das ações de Garibaldi. Aos olhos das outras nações, por certo influenciadas pelos seus próprios interesses, o reino da Sardenha estava atacando um vizinho pacífico. Cavour lançou-se então a um malabarismo diplomático para tentar convencer as outras nações de que Garibaldi agia por conta própria e que nada poderia ser feito por Vittorio Emanuelle contra o revolucionário enquanto ele estivesse fora do território sardo.

Enquanto isso, as tropas napolitanas seguiam no encalce de Garibaldi. Depois de usar uma de suas célebres táticas de despiste, em que dividiu suas tropas em duas colunas e fez 3 mil soldados inimigos marcharem em direção errada à sua procura, Garibaldi e seus homens usaram caminhos improvisados pelas montanhas para superar os bloqueios das estradas para Palermo. Chegando a Misilmeri, vila próxima à capital, foram recebidos por um grande número de homens já organizados para se juntar às tropas. Nessa noite, Garibaldi recebeu uma das mais estranhas e inesperadas adesões da sua carreira. Foi procurado por um jornalista, chamado Eber, correspondente do jornal *Times*, de Londres, que supostamente estava interessado em entrevistá-lo, mas agiu muito mais como espião: descreveu em detalhes a situação das tropas napolitanas, com as respectivas posições, já que estava vindo do lado de lá. Por fim, abriu o jogo e revelou a Garibaldi que queria combater ao seu lado. Logo estava vestindo a camiseta vermelha, contrariando frontalmente o princípio da imparcialidade jornalística.

Palermo, a capital siciliana, estava sendo protegida por cerca de 20 mil homens do exército bourbon. Cada homem de Garibaldi tinha um fuzil e não mais do que quatro balas a serem gastas. A aposta, como sempre, era nos combates homem a homem, com baionetas.

Por volta das nove horas da noite, os homens de Garibaldi deixaram as fogueiras acesas na montanha, simulando estarem ainda acampados por lá, e

A tomada de Palermo, em 1860: Garibaldi
assume o controle da Sicília.
[*Garibaldi em Palermo* (1860), Giovanni Fattori.]

partiram para o ataque à cidade. O exército foi dividido em três colunas – a do centro comandada por Garibaldi, e as laterais por Bixio e Sertori. A marcha pelo subúrbio dissipou as primeiras forças de resistência e diminuiu a confiança dos homens que guardavam o Palazzo Reale. As trocas de tiros não se estendiam por muito tempo, pois, impressionados com a impetuosidade do ataque e sem noção da quantidade de inimigos e do armamento que traziam, os napolitanos abandonavam suas posições.

No dia 27 de maio de 1860, as tropas revolucionárias, que já se aproximavam de 3 mil homens – e voluntários continuavam chegando de todas as partes –, entraram sem maiores dificuldades na região central de Palermo. Garibaldi esperava receber grande apoio popular na cidade, mas demorou um pouco para que os primeiros moradores, ainda um tanto desconfiados, aparecessem. Mais tarde ele entendeu a razão. Os inimigos haviam simulado a chegada das tropas revolucionárias, aos gritos de "Viva a Itália", para identificar e prender as pessoas que aparecessem na rua para participar das celebrações.

O palácio do governo foi tomado e transformado no quartel-general rebelde. A população vinha trazer mantimentos para o líder revolucionário e seus homens. A prioridade era construir barricadas para evitar o retorno do exército inimigo. As mulheres gritavam, das janelas, palavras de incentivo aos soldados de Garibaldi, o que renovava o ânimo de todos. Já os bourbons que eventualmente se perdessem em pequenos grupos eram capturados e, em algumas ocasiões, executados pela população enfurecida.

Vendo a situação sair do controle, o general Ferdinando Lanza – que substituíra Francesco Lanzi e não estava disposto a ser também considerado incompetente – determinou bombardeios contra a população a partir de seus navios ancorados. As bombas faziam vítimas entre os homens de Garibaldi e principalmente entre civis, enquanto as baionetas dos legionários permaneciam afiadas, vitimando um número cada vez maior de inimigos.

Lanza pediu uma trégua de 24 horas para transporte dos feridos e enterro dos mortos – uma interrupção que se mostrou providencial para Garibaldi, que pôde assim assegurar uma escala de descanso para seus homens, que se encontravam esgotados àquela altura, e reforçar a fabricação emergencial de pólvora e balas, cujos estoques estavam no fim.

A população preparou-se para o reinício dos combates, demonstrando apoio integral a Garibaldi. As barricadas foram reforçadas, cânticos de guerra entoados, tudo para dar ao inimigo a sensação de que o povo de Palermo sabia claramente o que desejava para si. Garibaldi dedicou as últimas horas da trégua a percorrer toda a cidade, conferindo cada detalhe da defesa e distribuindo palavras de encorajamento.

Os combates nem chegaram a ser retomados. Lanza percebeu que a situação tornara-se insustentável e capitulou. Ironicamente, pediu apoio de Garibaldi e seus homens para que conseguisse se retirar a salvo da cidade com seus homens, pois a população enfurecida ameaçava não deixá-los partir, principalmente porque muitos soldados bourbons haviam cometido saques e violências contra a população, como vingança pelo apoio aos rebeldes.

Enquanto os soldados do exército bourbon embarcavam, processo que se estendeu por alguns dias, a defesa permaneceu a postos e munição continuou sendo fabricada. Foi na condição de ditador autoproclamado da Sicília que Garibaldi completou 53 anos de idade, no dia 4 de julho de 1860.

Depois de tomar posse do dinheiro encontrado no caixa do banco real, Garibaldi ordenou que as construções atingidas durante os combates começassem a ser reconstruídas e determinou a criação emergencial de uma estrutura para cuidar dos órfãos dos conflitos.

Garibaldi recebeu, então, a inesperada visita do escritor francês Alexandre Dumas, autor de *Os três mosqueteiros* e seu admirador declarado. Dumas foi a Palermo especialmente para encontrar Garibaldi – afinal, não era sempre que a vida real produzia um personagem tão rico.

Com a mesma faixa etária – Dumas era três anos mais jovem que Garibaldi –, os dois ficaram conversando animadamente por mais de três horas. A empatia poderia ser explicada pela admiração que um certamente nutria pela principal virtude do outro. Dumas gostaria de ser um homem de ação, um herói como os que criava em sua literatura, enquanto Garibaldi sonhava secretamente ser um poeta, um escritor, ter o dom de comover e encantar com a palavra escrita. O contato nascido aí culminaria na participação de Dumas como redator das *Memórias* de Garibaldi.

Garibaldi partiu, então, para Milazzo. A essa altura, os Mil já haviam se transformado em 6 mil. Dumas acompanhou a marcha e começou a fazer registros sobre o que via. "Tudo é improvisado, inédito e por fazer. A força primitiva de Garibaldi segue sempre por caminhos desconhecidos e ele elabora novos planos constantemente."

Gaspard Félix Tournachon, 1855.

O escritor Alexandre Dumas:
inspiração nas incríveis
aventuras de Garibaldi.

Ao final de uma semana de batalhas, Milazzo foi conquistada. As tropas de resistência fizeram estragos na legião de Garibaldi, que contabilizou mais de 800 mortes. Uma delas foi a do francês Paul de Flotte, destacado oficial da marinha francesa que aderiu à causa dos Mil e tornou-se próximo de Garibaldi, de quem recebeu o comando de uma flotilha para desembarcar em Solano, na Calábria. Durante um confronto de 50 garibaldinos contra um grupo quatro vezes maior de inimigos, De Flotte foi atingido.

Apesar das perdas, o importante, para o líder revolucionário, era que o caminho para seguir adiante havia sido aberto. Com o objetivo de conquistar plenamente o reino das Duas Sicílias, Garibaldi atravessou o Estreito de Messina, que se mostrou submissa, e dali partiu rumo a Nápoles – onde suas tropas, já com mais de 10 mil homens, chegaram no dia 7 de setembro. Acamparam à entrada da cidade, onde os cozinheiros prepararam um bom jantar e os homens puderam descansar. Diante dos primeiros disparos das tropas reais, Garibaldi não revidou: mandou um enviado perguntar-lhes a razão de não optarem pela rendição pacífica, já que os legionários estavam ali em nome de uma Sicília livre e de uma Itália unificada sob um mesmo governo. Os exércitos que estavam à beira de um enfrentamento muito em breve seriam irmãos, argumentou o líder revolucionário.

A primeira resposta do general inimigo foi de recusa, mas, diante de uma nova mensagem de Garibaldi, avisando que as opções eram a rendição ou um ataque imediato e devastador, o exército napolitano capitulou. Os poderosos de Nápoles temiam, acima de tudo, a convulsão social, que, àquela altura, só mesmo a entrada do revolucionário na cidade poderia evitar.

Garibaldi seguiu para o Palácio d'Angri, que transformaria em seu quartel--general, sentindo "o ninho da monarquia ainda quente". A multidão se acotovelava à frente do palácio para vê-lo, obrigando-o a voltar várias vezes à sacada para acenar ao povo. Dali começou a organizar o novo governo da cidade, falando sempre em nome do "rei da Itália", e não mais "da Sardenha".

Apoderou-se de toda a esquadra e do material de guerra do reino das Duas Sicílias, de quem se declarou o novo ditador. Disse aos soldados inimigos que estavam livres para voltar às suas famílias, e isso causou tal comoção que muitos saíram dando vivas ao revolucionário. Preocupado com o patrimônio cultural, nomeou Alexandre Dumas diretor do Museu Nacional de Nápoles e inspetor das escavações arqueológicas que estavam sendo feitas em Pompeia.

"A força primitiva de Garibaldi segue sempre por caminhos desconhecidos", descreveu Dumas por ocasião da tomada de Milazzo.

As notícias sobre os seus sucessos eram acompanhadas com o máximo de interesse pelo rei Vittorio Emanuele e seu primeiro-ministro Cavour – que, a essa altura, já havia dado um jeito de prestar apoio extraoficial a Garibaldi, incluindo fornecimento de armas.

Era inevitável que houvesse por parte da monarquia, no entanto, o receio de que, diante da proximidade do objetivo de unificar a Itália, Garibaldi se declarasse republicano e entregasse o poder a Mazzini. A inquietação aumentou quando o revolucionário se recusou a decretar a anexação da Sicília pelo reino de Vittorio Emanuele, assim se justificando:

Vim combater pela Itália e não unicamente pela Sicília. Ora, se a Itália ainda não está inteiramente reunida e livre, a causa de nenhuma de suas regiões triunfará. O objetivo da minha missão é ligar em um só feixe todas as partes dilaceradas e submissas.

A ação derradeira da Expedição dos Mil, que a essa altura já tinham se transformado em nada menos que 25 mil homens, foi a Batalha do Rio Volturno. Era dia 1º de outubro quando começou o conflito com as tropas napolitanas. Duas horas depois, o último exército de Francisco II estava decisivamente aniquilado, mas as tropas garibaldinas haviam perdido mais de 300 homens, além de 1.300 feridos.

Enquanto o rei Francisco II deixava Nápoles, a cidade era anexada ao reino do Piemonte-Sardenha.

Mazzini queria que Garibaldi fosse mantido como ditador até que toda a Itália fosse unificada. Seu objetivo era convencê-lo a seguir para Roma, conquistar a capital, concluir o processo de unificação e proclamar a República italiana. Já os planos de Garibaldi eram seguir até Roma, tomar a cidade e oferecer a Itália unificada a Vittorio Emanuele – a quem caberia libertar Veneza para juntá-la à nação italiana.

Garibaldi sabia que suas conquistas esbarrariam em limites. Seria virtualmente impossível sair-se vencedor enfrentando ao mesmo tempo o exército sardo e a dinastia dos Bourbons. Continuava convicto de que o mais importante naquele momento seria consolidar a unificação italiana.

Mas Cavour pensava de outra forma. Por ora, Roma deveria ser mantida sobre o domínio do papa, e Veneza dos austríacos. Vittorio Emanuele devia contentar-se em ter toda a Itália Central sob o seu domínio, com a anexação da Sicília, de Nápoles, da Úmbria e do Marche. Novos passos em nome da unificação só deveriam ser dados mais adiante.

No começo de novembro de 1860, o exército sardo entrou em Nápoles para assumir oficialmente o controle da cidade. Ao encontrar-se nessa ocasião com o rei Vittorio Emanuele, que o congratulou pelas conquistas, Garibaldi fez uma reverência: – Saúdo o primeiro rei da Itália!

O rei o tratou com toda a deferência, mas, seguindo os conselhos de Cavour, disse a Garibaldi que sua missão havia sido cumprida com brilhantismo e que dali por diante seus serviços e os de seus voluntários estavam dispensados. Ele seria nomeado general do exército e príncipe de Calatafimi, além de ser condecorado com a ordem da Annunziata, que lhe daria o direito de ser chamado de "primo do rei", além de um dote especial para sua filha e a nomeação de seu filho Menotti como ajudante de campo de Sua Majestade.

Garibaldi sentiu-se como o bagaço de uma laranja que havia sido espremida até a última gota. Recusou as benesses e seguiu para o porto, acompanhado pelo filho Menotti e alguns de seus colaboradores mais próximos. Carregava alguns mantimentos para os primeiros tempos de retorno a Caprera. Foi seguido até o cais por vários de seus legionários, que faziam questão de se despedir do grande líder, e por uma multidão que o venerava. Ao embarcar, gritou aos seus homens: "Adeus, até Roma!" No dia 14 de março de 1861, seria proclamado o reino da Itália, comandado por Vittorio Emanuele.

ROMA OU A MORTE

De volta a Caprera, Garibaldi lançou-se novamente à vida de agricultor. Ainda que fosse o tempo todo importunado por visitantes – incluindo muitos turistas que queriam visitar a "ilha de Garibaldi" –, ele se dedicava meticulosamente às plantações, ao cultivo das flores, aos cuidados com os animais. Como sempre, suas longas cavalgadas e passeios nos rochedos incluíam muitos momentos de reflexão e olhar perdido em direção ao horizonte. Começou a escrever poesia com mais afinco.

Sentia uma imensa falta de Anita. Mais do que isso, considerava-se culpado pela morte prematura da amada, acreditando que isso não teria acontecido se ela tivesse permanecido em sua terra, Laguna. Ele se conformava, no entanto, ao imaginar que, se a própria Anita pudesse opinar a respeito, certamente diria ter preferido os poucos anos ao lado dele, Giuseppe, do que uma vida inteira sem sentido ao lado de um homem que não amava.

Vez ou outra, em meio a essas reflexões, via ao longe a figura da filha Teresita, cuja silhueta lembrava a de Anita. Nesses momentos, chorava de angústia e saudade. Teresita estava apaixonada por Stefano Canzio, um de seus auxiliares mais fiéis na tomada da Sicília. Garibaldi abençoava a união, efetivada quando a menina completou 16 anos – 8 a menos que o noivo. No dia do casamento, realizado em Caprera, o rei Vittorio Emanuele II fez questão de mandar um colar de pedras preciosas como presente à jovem noiva.

Garibaldi lembrava também de tantos companheiros que haviam perdido a vida ao longo das inúmeras batalhas que enfrentou. Não entendia como ele poderia estar vivo, depois de tantos riscos que correu. Esse retrospecto reforçava em Garibaldi a sensação de que ainda tinha muito a fazer. Não parecia lógico que o destino lhe tivesse tantas vezes salvo da morte para lhe reservar uma velhice monótona.

Nos finais de tarde, o correio chegava e lhe trazia sempre muitas correspondências, sua ligação com o mundo exterior. Um dia, chegou-lhe uma carta de Mazzini, que continuava o mesmo idealista de sempre. Considerava que a república era ainda o grande sonho a ser perseguido e pedia a participação de Garibaldi – a quem respeitava mais do que nunca, principalmente depois que recusou as vantagens que a monarquia lhe oferecera, prova definitiva de que nunca lutou em benefício próprio.

Garibaldi sabia que, embora sua legião tivesse sido oficialmente dissolvida, bastaria um aceno para que os valorosos homens que combateram sob sua liderança voltassem a se apresentar, prontos para a guerra. Sabia também que, naquele momento, a sua única esperança de voltar a agir era a ligação com Mazzini.

Cavour continuava planejando astutamente a tomada de Roma e sua incorporação ao reino da Itália, mas eram planos para longo prazo. A cidade, último refúgio do poder de Napoleão III, permanecia sob defesa de guarnições francesas. Cavour não achava prudente enfrentar, naquele momento, o poderio de Napoleão III e da Igreja. Com relação a Veneza, Cavour adotara uma estratégia de aproximação gradual com a Prússia, com o objetivo de enfraquecer os austríacos.

Em abril de 1861, durante um debate no Parlamento de Turim para o qual havia sido convidado, Garibaldi não poupou críticas a Cavour, que estava presente. Em seu discurso, disse que jamais voltaria a apertar a mão do homem "que havia vendido sua pátria ao estrangeiro e se aliado a um governo que tentava fomentar uma guerra fratricida". Essas palavras causaram uma verdadeira algazarra nas tribunas, ocupadas tanto por simpatizantes da monarquia quanto por republicanos.

Quando o debate foi retomado, o general Nino Bixio, amigo de Garibaldi e um dos organizadores da Expedição dos Mil, pediu perdão pela eloquência do general, alegando que ele era muito mais um homem de ação do que de palavras.

Por conveniência política, Cavour resistiu a tudo em silêncio, mas visivelmente constrangido e indignado. Confidenciou depois a um amigo: "Se a raiva matasse um homem, eu estaria morto ao voltar dessa sessão." Pois ele morreu mesmo, dois meses depois desse episódio, aos 51 anos. Muitos culparam Garibaldi, por conta do desgaste que aquela discussão causara a Cavour.

A estratégia que o primeiro-ministro havia desenhado para a unificação gradual da península seria seguida pelo sucessor, o barão Bettino Ricasoli. Mas Ricasoli não era tão hábil no relacionamento com os parlamentares e poucos meses depois se viu obrigado a renunciar, sendo substituído por Urbano Ratazzi, advogado que se tornara deputado e era justamente o presidente da Câmara na polêmica sessão em que Garibaldi fez as acusações a Cavour.

Algum tempo depois, Garibaldi foi chamado para se encontrar secretamente com Ratazzi, em Turim. Este, interessado em firmar seu nome na posteridade, deu a entender que queria Garibaldi ao seu lado num projeto de conquista de Roma. Mas não disse com clareza quais eram seus planos, nem se o rei estava a par de tudo. Apesar das nebulosidades, o eterno revolucionário saiu do encontro com a certeza de que havia recebido carta verde para voltar a agir.

Conquistar Roma era o grande objetivo para o qual ele havia se preparado a vida toda. Se morresse nessa missão, depois de tudo o que já havia feito, sua vida teria um desfecho digno. O que ele não poderia suportar era morrer de velhice em Caprera sem tentar esse último lance glorioso. "Roma ou a morte" seria o seu novo *slogan*, que planejava disseminar entre a população como um rastilho de pólvora.

Garibaldi começa a convocar seus legionários – provocando, como sempre, comoção popular e precaução entre os poderosos. Com o objetivo de fomentar o surgimento de voluntários, passou a percorrer diversas cidades para fundar Clubes da Espingarda, nos quais pessoas comuns aprendiam a manejar armas.

Diante da pressão dos austríacos, Vittorio Emanuele determinou ao seu exército barrar a atividade da coluna garibaldina em formação. Depois de um pequeno confronto na localidade de Sarnico, que resultou em três mortos e alguns feridos, Garibaldi decidiu partir para Palermo, onde chegou no dia 8 de julho de 1862, pouco depois de completar 55 anos de idade. Voltava, assim, à Sicília, onde havia obtido vitórias consagradoras dois anos antes.

Logo tinha 3 mil homens à disposição. Sem o apoio oficial da monarquia, acreditava que Vittorio Emanuele o deixaria agir e que o envio do seu exército havia sido muito mais uma encenação para acalmar os austríacos. Nem mesmo quando recebeu um ultimato claro do rei, ameaçando-o de punições sob o "rigor das leis", desistiu da marcha para Roma.

Repetindo em parte a rota de dois anos antes, Garibaldi atravessou o estreito de Messina. Vittorio Emanuele se viu então obrigado a agir duramente para mostrar a todos que, dessa vez, queria mesmo que Garibaldi interrompesse seus avanços. Tão logo as tropas garibaldinas atingiram solo na Calábria, passaram a ser duramente combatidas e perseguidas pelo exército piemontês.

Mal armados, mal treinados e inexperientes, boa parte dos soldados de Garibaldi se rendeu sem lutar. Restaram menos de 500 homens para enfrentar 2 mil inimigos nos picos do Aspromonte. Ainda no começo do combate, Garibaldi foi atingido por duas balas, uma na coxa esquerda e outra no pé direito. Caiu, ferido, o que provocou um cessar-fogo – seguido da rendição de Garibaldi pelo comandante adversário, o tenente-coronel Emilio Pallaviccini.

Içado como um animal para dentro do navio inimigo, Garibaldi sofria tremendamente com as dores dos ferimentos. Dali foi levado à fortaleza de Varignano, em La Spezia, onde seria mantido como prisioneiro durante quase dois meses. O ferimento no pé agravou-se e havia a ameaça de amputação. Graças à habilidade de um cirurgião trazido de Pisa para cuidar do caso, a bala foi extraída e Garibaldi pôde iniciar um longo período de recuperação.

A mobilização em prol da liberdade de Garibaldi foi ampla e expandiu--se além das fronteiras italianas. Na Inglaterra, organizou-se uma coleta de contribuições em seu benefício – era de conhecimento público que o revolucionário vivia praticamente na penúria, apesar dos grandes feitos – e uma manifestação em seu favor reuniu milhares de pessoas no Hyde Park, em Londres.

Para muita gente, de todos os cantos, era revoltante a história do herói perseguido e preso pelas tropas do rei que ajudara não apenas a se manter no poder, mas também a ampliar a abrangência do seu reinado. Só quando recebeu um telegrama do próprio Napoleão III aconselhando-o a liberar e anistiar Garibaldi, pois sua prisão estava comovendo o mundo, Vittorio Emanuele assinou um decreto real nesse sentido.

Leão ferido: Garibaldi foi preso depois de atingido em Aspromonte.
[*Garibaldi ferido em Aspromonte* (ca. 1863), Gerolamo Induno.]

Garibaldi recolheu-se mais uma vez a Caprera, onde precisou passar um ano inteiro de cama para se recuperar do ferimento no pé. Já não era mais um jovem, e isso contribuía para a demora da cicatrização. Com a inatividade física, as dores do reumatismo atacaram-lhe como nunca.

Entre 1862 e 1866, mesmo após a recuperação do ferimento, Garibaldi viveu em Caprera o que ele classificaria como uma "vida ociosa e inútil". A empregada que cuidava dele nessa época, Francesca Armosino, uma jovem e simplória camponesa, tornou-se sua amante. Ela havia nascido em 1849, o ano em que morreu Anita. Com o tempo, Francesca tomaria um grande espaço na vida dele, até o ponto de afastá-lo das antigas amizades e substituí-las por seus próprios amigos e parentes.

Dos Estados Unidos, chegou um convite do presidente Abraham Lincoln para que Garibaldi assumisse um batalhão do Norte, no início da Guerra de Secessão contra o Sul. Era mais uma prova de que ele havia se tornado um mito universal. Garibaldi agradeceu, mas decidiu permanecer em sua terra, na esperança de ainda lutar pela causa da unificação.

As constantes manifestações de apreço enviadas pela Inglaterra, somadas ao fato de que Menotti lá se encontrava, fizeram com que Garibaldi aceitasse o convite do primeiro-ministro, lorde Henry Palmerston, para visitar o país. Ele chegou a Southampton em meio a grande festa do povo. Curiosamente, sem que Garibaldi soubesse ou percebesse, uma das pessoas presentes ao porto era o ex-ditador argentino Rosas, contra o qual combatera tão avidamente na América do Sul, e que buscara exílio justamente naquela cidade.

Garibaldi recebia convites de todos os cantos da Inglaterra para homenagens, visitas a monumentos e encontros com políticos e artistas. Em Londres, foi recebido com pompas pelo duque e a duquesa de Sutherland. O primeiro-ministro, lorde Palmerston, dedicou-lhe quase duas horas de um encontro a portas fechadas. O prefeito, lorde Scott, concedeu-lhe o título de cidadão de honra.

O encontro com Mazzini reuniu a emoção de dois homens maduros que haviam compartilhado dos mesmos ideais e se afastado por circunstâncias da vida, mas que reconheciam um ao outro como homens de bem. Num dos jantares em sua homenagem, Garibaldi fez questão de ressaltar o papel essencial que Mazzini teve em sua trajetória e de reconciliar-se de vez com o homem que fora a sua grande inspiração na juventude:

> Hoje, tenho um dever a preencher e deveria tê-lo feito desde longo tempo. Entre nós se encontra um homem que prestou os maiores serviços à minha pátria e à ideia da liberdade. Quando eu era moço ainda, sofrendo sobretudo de vagos impulsos, procurava um homem que pudesse ser meu chefe, o conselheiro de minha inexperiência. Procurava-o como o sedento procura água... Encontrei-o, enfim. Velava, sozinho, quando todo mundo, em redor dele, dormia. Tornou-se meu amigo e sê-lo-á para sempre. A flama sagrada do amor à pátria e à liberdade nunca se apagou nele. Esse homem é Giuseppe Mazzini, meu amigo, meu mestre. Bebo à sua saúde.

Mas toda a atenção dada a Garibaldi na Inglaterra causou estranheza entre os soberanos europeus, que pressionaram a rainha Vitória a dar um basta naquilo tudo. Afinal, Garibaldi era um revolucionário – ou seja, representava uma ameaça constante à ordem constituída. Napoleão III, da França, ameaçou não participar de uma importante conferência internacional em Londres se Garibaldi ainda estivesse por lá. A rainha respondeu com pedidos de desculpas, dizendo-se "quase com vergonha de governar uma nação capaz de tais loucuras".

Antes de embarcar rumo a Caprera, Garibaldi recusou o dinheiro da subscrição organizada na Inglaterra para ajudá-lo. De volta à ilha, reforçou as bases da comunidade socialista que idealizara, na qual três dezenas de trabalhadores teriam o direito de permanecer ali, cuidando da terra e dividindo coletivamente o resultado das plantações. Seus filhos Menotti e Ricciotti estavam vivendo com ele – assim como Teresita, que, unida a Canzio, já tinha se tornado mãe de algumas crianças.

Em setembro de 1864, foi assinado um acordo em que a França aceitava retirar gradualmente suas tropas de Roma em um prazo de dois anos, em troca do compromisso por parte do governo de Vittorio Emanuele de não atacar os Estados pontifícios e impedir ataques exteriores ao mesmo território – mesmo que, para isso, fosse preciso usar a força. Outra exigência do acordo era a transferência da capital italiana, que teria que deixar de ser Turim. A escolhida foi Florença, que assumiu o posto em 1865.

Nesse meio-tempo, continuaria em organização um "exército papal" para assegurar a autoridade da Igreja Católica sobre a Santa Sé, processo que já estava em andamento desde 1860, quando o general francês La Moricière aceitou o convite para assumir o comando das tropas pontificiais. Faltava muito ainda, no entanto, para transformar 6,5 mil homens mal treinados em um exército. A ideia era recrutar voluntários católicos estrangeiros para atingir 25 mil homens.

Com relação a Veneza, a possibilidade de que passasse a pertencer à Itália era maior, em decorrência do enfraquecimento do Império Austríaco. Napoleão III havia se encontrado com Otto von Bismarck, o chanceler da Prússia, para discutir uma possível guerra contra a Áustria. O objetivo seria expulsá-la da Alemanha – que, a exemplo da Itália, também sofria com o esfacelamento de seu território em vários Estados dominados por diferentes nações. Aos olhos de Vittorio Emanuele e seus homens de confiança, a aliança franco-prussiana tornaria a Áustria vulnerável para a tomada de Veneza.

As negociações de bastidores evoluíram de tal forma que Vittorio Emanuele obteve a promessa da posse de Veneza, independentemente de qualquer resultado do conflito. Com Bismarck, ele acertou a participação da Itália na guerra, ao lado da Prússia, contra a Áustria. Em caso de vitória, o prêmio à Itália seria a anexação do Vêneto. Mesmo em caso de derrota, no entanto, a Itália seria supostamente beneficiada, pois Napoleão III fizera um acordo com a Áustria em troca da neutralidade francesa no conflito. Se a Áustria saísse vencedora na Alemanha, cederia Veneza a Napoleão III – que se comprometera, nesse caso, a repassá-la à Itália.

Dessa forma, bastava participar da guerra, vencendo ou perdendo, para a Itália anexar Veneza. Mas é claro que não se entra numa guerra para perder. A Itália estaria verdadeiramente empenhada em lutar pela vitória de sua nova aliada, a Prússia. Para isso, a popularidade e a experiência de Garibaldi não poderiam ser desprezadas.

No dia 19 de junho de 1866, o general Fabrizi, com quem Garibaldi mantinha boas relações, chegou a Caprera para convidá-lo, em nome do governo, a assumir o comando dos voluntários que já se reuniram em grande número por todos os lados da Itália, reeditando os Caçadores dos Alpes. "Esqueço rapidamente as injúrias", disse Garibaldi ao aceitar o convite. Começava ali, "disfarçada" de guerra austro-prussiana, a Terceira Guerra pela Independência Italiana.

Alguns dias depois, um navio aproximou-se de Caprera para buscá-lo. Uma nova energia tomou conta daquele homem quase sexagenário que, em certos momentos, mal podia se mover por conta do reumatismo. Seus dois filhos foram integrados às tropas. Menotti já era experiente em batalhas, mas Ricciotti, aos 18 anos, era um estreante. O genro, Canzio, também estava entre os legionários.

Os homens de Garibaldi ganharam armas velhas, como sempre. "Enfim, as misérias normais as quais os cariátides da monarquia habituaram os voluntários", resignou-se. No dia 3 de julho, véspera de completar 59 anos, Garibaldi liderou seus voluntários no enfrentamento aos austríacos no Monte Suello. Para dar exemplo aos jovens, ele se colocou à frente da tropa. Vários de seus homens foram atingidos pelos atiradores de elite dos inimigos, entrincheirados em posições seguras e treinados à exaustão para disparos de longa distância. O próprio Garibaldi acabou sendo ferido, de raspão, na coxa esquerda.

A batalha seguia em desvantagem para os italianos, até que um dos braços direitos de Garibaldi, o coronel Giacinto Bruzzesi, conseguiu ocupar o alto de uma montanha, onde posicionou duas baterias, que conseguiram fazer estragos consideráveis nas colunas austríacas.

Nos dias seguintes, os legionários registraram pequenos avanços. Com Garibaldi se locomovendo em uma carruagem por conta do ferimento na perna e das dores causadas pelo reumatismo, seu filho Menotti tornou-se o principal elo entre as ordens do líder e seus comandados.

Outro conflito relevante se daria alguns dias depois, em 21 de julho de 1866, no vilarejo de Bezzecca, dominado pelas tropas austríacas comandadas pelo general Franz Kuhn von Kunhenfeld. Garibaldi julgava que conquistá-lo era um passo fundamental rumo à tomada da cidade de Trento, principal objetivo daquela missão. Armou uma estratégia de avanços simultâneos em diferentes frentes pelas montanhas ao redor de Bezzecca, com a proteção das tropas por artilharia pesada na retaguarda. Como sempre acontecia nas batalhas que liderava, Garibaldi determinou cargas de baioneta nos momentos decisivos do confronto. Bezzecca resultou em mais de mil mortes entre seus homens, mas o objetivo foi alcançado e a vila conquistada.

Garibaldi estava se aproximando de Trento com suas tropas quando recebeu um telegrama dando conta do armistício assinado entre Áustria e Prússia. Com prazo de oito dias, a trégua tinha como uma das condições a retirada das tropas italianas do Tirol. Agindo quase como uma criança emburrada por ter sido proibida de brincar, ele respondeu de forma lacônica, utilizando uma única palavra: "Obbedisco" ("Obedeço").

Por conta principalmente das vitórias obtidas pelo exército prussiano na Boêmia, com destaque para a decisiva Batalha de Königgrätz, a Áustria se viu forçada a anunciar rendição. Conforme combinado, o Vêneto foi cedido pela Prússia à França, que por sua vez honrou o compromisso de entregá-lo aos italianos. Convocou-se um plebiscito entre a população para oficializar a decisão. A vantagem do "sim" foi tão esmagadora – 647.246 votos a favor da anexação à Itália, contra apenas 69 contra – que muita gente desconfiou de fraude no resultado.

Ao assumir o controle de Veneza, o rei Vittorio Emanuele tentou ignorar os gritos que vinham do povo – "Roma!, Roma!" – e declarou que, dali em diante, a Itália estava finalmente "completa". Em setembro, no caminho de volta a Caprera, Garibaldi parou em Florença e, num discurso inflamado, declarou que todos sabiam que a verdadeira capital da Itália era Roma, e que libertá-la seria o projeto ao qual dedicaria o resto da sua vida.

No final de 1866, Garibaldi foi pai novamente, dessa vez da pequena Clelia, fruto de sua união com Francesca Armosino. Mas os momentos ternos com a chegada da menina logo foram substituídos pela urgência em conquistar Roma. As tropas francesas haviam concluído o processo de dois anos de retirada da cidade, cumprindo o que havia sido combinado. A Itália estava comprometida pelo acordo que assinara, mas, se a revolta partisse da própria população romana, o acordo não estaria sendo descumprido. E quem melhor do que ele, Garibaldi, para insuflar a insurreição?

Ele iniciaria, a partir daí, uma verdadeira "cruzada" pela causa, percorrendo as cidades italianas com a repetição do mesmo discurso: era hora de libertar Roma do papado, ao qual chamava de "negação de Deus". "Pertencemos a um grande país, mas ainda nos resta um pedaço de terra italiana a ser unida à nossa. Roma é a nossa capital. Vamos entrar nela como entramos em nossa casa", dizia, sendo cada vez mais aclamado pela população. Passou mais de um ano nessas viagens, arrebatando seguidores e pedindo contribuições para a compra de armas. O rei mais uma vez fazia vistas grossas às movimentações de Garibaldi, enquanto a França o acusava de cumplicidade.

Foi nesse cenário de tensões ampliadas que Garibaldi seguiu para Genebra, atendendo ao convite para participar do Congresso Internacional da Paz, que reuniria lideranças de todo o mundo. Apesar do seu envolvimento em batalhas, guerras e conflitos, ele queria se consolidar no final da vida como um líder pacifista.

Durante seu discurso, direcionou mais uma vez palavras duras à Igreja, chamando-a de "instituição pestilenta, a mais nociva de todas as seitas". Sua manifestação provocou protestos, mas Garibaldi estava decidido a continuar sua cruzada. Na volta do Congresso, percorreu cidades próximas aos Estados pontifícios, afirmando sempre que havia chegado a hora de marchar para Roma. Tornara-se obsessivo – desejava ardentemente esse *gran finale* para a sua vida.

Os franceses aumentaram o tom dos protestos e Vittorio Emanuele se viu obrigado a agir. Ao amanhecer do dia 24 de dezembro, Garibaldi foi detido na casa de um amigo no qual passara a noite, na estrada entre Siena e Orviero. Levado para a prisão em uma fortaleza, foi aclamado, com gritos de "Roma! Roma!", pelos próprios soldados que tinham a obrigação de vigiá-lo. O governo decidiu, então, levá-lo a Caprera e mantê-lo em casa, sob vigilância. A ilha foi cercada por embarcações armadas, para evitar a saída de Garibaldi ou a livre entrada de seus amigos.

Os protestos contra a prisão de Garibaldi se espalharam por diversas cidades, dando ainda mais força ao projeto de tomar Roma. Menotti assumiu o comando dos voluntários e organizou grupos que invadiram o Estado pontifício após rápidos combates com as tropas papais. Napoleão III orientou Pio IX a continuar se defendendo, assegurando para isso o apoio francês.

Em meio a toda essa efervescência, Garibaldi conseguiu escapar de Caprera no dia 14 de outubro de 1867. Usou um pequeno barco a vela, numa ação orquestrada pelo genro Canzio. Depois de iludir os vigilantes durante a madrugada, chegou à ilha vizinha de La Maddalena, a mesma onde se hospedara certa vez. Dali partiu, bem cedo, para o canal que levava à Sardenha. Lá chegando, precisou ainda caminhar para superar as montanhas La Gallura, onde encontraria seu genro Canzio e os fiéis companheiros Giovanni Basso e Maurizio, junto a um exército de voluntários.

Seguiu para Roma à frente de 7 mil homens. Mas eram na maioria gente despreparada, faminta e indisciplinada, sem condições de enfrentar o exército francês, armado com um novo tipo de fuzil, de longo alcance. Não tardou para que o velho líder revolucionário percebesse ter dado um passo em falso.

No dia 3 de novembro de 1867, durante o primeiro combate com as tropas francesas, Garibaldi viu muitos de seus liderados simplesmente desertarem, abandonando seus postos. Mas ele estava decidido a morrer ali, se fosse preciso. Seria o melhor dos fins. E, se conseguisse vencer uma batalha que já parecia irremediavelmente perdida, seria a glória das glórias.

O combate foi desigual. Sucumbiram ali 150 de seus liderados, contra apenas 22 nas tropas inimigas. Garibaldi conseguiu escapar e embarcou num trem para Florença. Em uma das estações, no entanto, foi preso e levado à fortaleza de Varignano, que já conhecera de "hospedagens" anteriores. Depois de três semanas detido, o roteiro se repetiu: Garibaldi foi levado para Caprera sob a promessa de que não voltaria a sair de lá sem permissão.

OS ÚLTIMOS ANOS

Em 1869, Garibaldi foi pai mais uma vez – nascia Rosa, sua segunda filha com Francesca. Apesar da alegria trazida pelas crianças, evidencia-se que seu estado físico se deteriorava dia após dia. Havia ocasiões em que, por conta das dores do reumatismo, ele só conseguia andar apoiado em muletas. Resistente à ideia de tomar remédios, Garibaldi adotara por conta própria um tratamento que, na verdade, não vinha se mostrando eficaz: banhos quentes seguidos de duchas frias.

Tudo havia se tornado ainda mais simples na vida de Garibaldi. As refeições eram mínimas, quase sempre baseadas em legumes colhidos na horta de casa. Até as visitas haviam rareado. A maior parte de suas companhias eram, agora, os familiares de Francesca. Os filhos de Garibaldi nunca aceitaram plenamente seu relacionamento com ela e discordavam do poder que ele lhe concedia em Caprera. Teresita e Ricciotti, indignados com a situação, chegaram a se mudar da ilha.

Garibaldi se acostumara a dormir não mais que seis horas por noite, quase sempre na faixa entre dez e quatro horas. Gostava de levantar-se ainda no meio da madrugada para "fazer o dia andar", como dizia. A primeira tarefa era cuidar das correspondências – ditava suas ideias a Giovanni Basso, que havia se tornado uma espécie de secretário particular.

Escrever tornou-se a válvula de escape para suas frustrações. Passou a criar romances em que misturava fatos reais com ficção – pensando que, com a venda dessas obras, talvez pudesse ganhar algum dinheiro para garantir a velhice. Chegou a publicar dois desses livros, que, ruins como literatura e imprecisos como memórias, passaram quase desapercebidos. Ficou magoado com a indiferença em relação às obras, pois gostaria de ser reconhecido como intelectual.

> Muitos amigos me têm dito que antes de tudo sou um poeta. Se para ser poeta é necessário escrever a *Ilíada*, a *Divina Comédia*, as *Meditações* de Lamartine ou os *Orientais* de Victor Hugo, eu não sou poeta. Mas se para o ser é necessário

passar horas e horas a procurar nas águas azuladas e profundas do mar os mis-
térios da vegetação submarina, se é necessário ficar em êxtase diante da baía
do Rio de Janeiro, de Nápoles ou de Constantinopla, se é preciso pensar no
amor filial, nas recordações infantis ou num amor juvenil, num meio de balas
e bombas, sem pensar que este sonho há de acabar com a cabeça ou um braço
quebrado – então sou poeta.

No dia 19 de julho de 1870, duas semanas depois de Garibaldi completar
63 anos, a França declarou guerra à Prússia, resultado ainda da acomodação de
forças após o fim do período napoleônico. As tropas francesas que guardavam
Roma foram em parte convocadas para a nova missão e a Cidade Eterna ficou
vulnerável às forças de Vittorio Emanuele. Para o rei, que enfrentava um longo
período de dificuldades financeiras em seu governo, agravado pela corrupção
que se tornara endêmica, a oportunidade soou perfeita para desviar a atenção do
povo e criar uma sobrevida para seu período à frente da Itália.

O rei tentou entender-se previamente com o papa sobre o futuro de
Roma, mas as conversas não evoluíram e a guerra começou. Depois de um
rápido combate no dia 20 de setembro, com 49 mortos do lado italiano e 19 do
lado do exército papal, as tropas comandadas pelo general Cadorna invadiram
Roma e hastearam uma bandeira branca no topo da catedral de São Pedro,
para simbolizar a tomada da cidade pelos italianos. No dia 2 de outubro, um
plebiscito confirmou o desejo da população de ser anexada pela Itália – dos
167.548 inscritos, apenas 1.507 votaram contra. Roma assumiria a condição de
capital do reino da Itália, em substituição a Florença.

Garibaldi acompanhava tudo de longe, com Caprera devidamente vigiada para que ele não pensasse em participar daquele último capítulo da
unificação italiana. Mazzini também havia sido preso, por precaução. Vittorio
Emanuele queria se certificar de que Roma seria a capital da monarquia, não
da República.

Mas o velho guerreiro voltaria à ação, quando ninguém mais – principalmente ele próprio – imaginou que isso seria possível. Depois da queda do
Império de Napoleão III na França, os republicanos se empenhavam em lutar
contra os avanços da Prússia e os chamados Comitês de Salvação Nacional
elegeram Garibaldi como um dos símbolos dessa luta – afinal, tendo nascido
em Nizza/Nice, ele era um pouco francês. Alguns de seus companheiros, como
Philippe Bourdon, chamado pelos italianos de Bordone, um dos mil de sua

histórica marcha na Sicília, estavam lutando pela França e lhe fizeram um apelo para que se juntasse à causa.

Em nome da defesa da liberdade e dos ideais republicanos, além da simpatia que sempre teve em relação à França, da fidelidade às amizades que construíra na vida e da vontade de ser ainda útil e admirado, Garibaldi respondeu positivamente à convocação. Foi buscado em Caprera por um barco a vapor, o Ville de Paris, e tornou-se comandante em chefe das tropas francesas.

Desembarcou em Marselha no dia 7 de outubro, longe de ser uma unanimidade na França e causando desconfianças na Itália. Por que, afinal de contas, ele estava prestando serviços ao exército francês, justamente aquele que impedira por tanto tempo a conquista de Roma?

Quando chegou a Tours, Garibaldi sentiu uma imensa frieza por parte dos franceses. No alojamento, que não passava de uma casa em más condições, recebeu olhares de desconfiança dos oficiais que, supostamente, deveriam estar sob seu comando. Perguntou-se o que estava fazendo ali e esteve a ponto de simplesmente voltar para Caprera, mas resistiu ao impulso. No dia seguinte, reuniu-se com León Gambetta, representante do Estado francês. Recebeu a missão de organizar um grupo de voluntários, italianos e outros estrangeiros, que haviam se apresentado para combater pela França, totalizando cerca de 4.500 homens.

Menotti e Ricciotti estavam, mais uma vez, ao seu lado, cada um deles comandando um batalhão. Para não fugir ao hábito, os homens sob seu comando ganharam armamentos insuficientes e em más condições. Garibaldi planejou ações de guerrilha, com muitas emboscadas e dissimulações.

A mente continuava boa para antecipar movimentos dos inimigos e formular estratégias que os surpreendessem, mas o corpo não ajudava, ainda mais em meio a um rigoroso inverno. A carroça havia se tornado seu meio de locomoção permanente. Em muitas manhãs, Garibaldi era carregado da cama até o carro, pois não conseguia sequer se levantar sozinho. Havia um médico para cuidar dele em tempo integral. Seus liderados aprenderam a identificar quando estava sentindo dor: tossia sem parar ou então cantarolava. Nessas horas, era melhor não lhe dirigir palavra alguma.

Depois de instalar seu quartel-general em Autun, em meados de novembro, ele confiou a Ricciotti, com apenas 23 anos, a missão de liderar um grupo de 800 franco-atiradores numa marcha até Châtillon, com o objetivo de surpreender uma tropa prussiana que lá se encontrava. Ao final de cinco dias de marcha, a tropa liderada por Ricciotti realizou o assalto com brilhantismo, fazendo 167 prisioneiros – entre eles 13 oficiais – e tomando posse de todas as armas e munições disponíveis no local. Garibaldi sentiu grande orgulho do filho.

Alguns dias depois, suas tropas conseguiram rechaçar uma tentativa de invasão do quartel-general pelos inimigos. Ocorreu nessa ocasião uma batalha que se estendeu por três dias, nas proximidades da cidade de Dijon. Ao final do conflito, os legionários conseguiram espantar os inimigos e avançar, capturando a bandeira de um regimento pomeraniano – conquista simbolicamente importante em meio à guerra.

Tudo seguia bem até que, mais uma vez, as decisões de gabinete tiraram o ânimo de Garibaldi. No final de janeiro, ficou acertada entre as partes um armistício de 21 dias. Três semanas em que a situação seria discutida, sem troca de tiros ou movimentação ofensiva de tropas. Gambetta, ao comunicar Garibaldi sobre a trégua, o fez com o tom de quem imaginava que a guerra possivelmente terminaria ali: "Quanto a mim, lhe agradeço pelo que você faz pela nossa República. Seu grande e generoso coração sempre o conduz onde há qualquer serviço a fazer, algum perigo a correr", registrou no telegrama.

Gambetta havia sido induzido ao erro, no entanto. O armistício não valia para todo o combate, e sim para uma determinada área que não incluía a região em que as tropas de Garibaldi se encontravam. Enquanto as informações iam e vinham desencontradas, o exército inimigo se aproximava de Dijon. Bismarck estava especialmente ansioso por capturar Garibaldi, vivo, para "prendê-lo em uma jaula e expô-lo em Berlim".

Assim que tomou pé da situação – a guerra estava congelada apenas para ele, não para os inimigos –, Garibaldi não teve saída a não ser organizar a retirada, com o exército prussiano já bem próximo. Seus homens fizeram o máximo para retardar os avanços inimigos, incluindo linhas de atiradores e implosão de pontes.

Foi quando Garibaldi recebeu uma carta que o deixou arrasado, escrita por Francesca. Tratava-se da repetição do drama de perder uma filha ainda pequena: desta vez foi Rosa, de apenas um ano e meio. Como se pretendesse aumentar ainda mais o sofrimento do pai ao receber a notícia, Francesca credenciou a doença da menina, marcada por uma tosse aguda, à ausência do pai. "Desde o dia da sua partida durante todo o tempo te procurava e reclamava a tua presença", escreveu. Era a segunda das suas filhas chamada Rosa – o mesmo nome da mãe – que ele perdia. E nas mesmas circunstâncias da morte da primeira, pois em ambos os casos estava longe de casa, em combate.

Era hora de voltar a Caprera. Esquecer os campos de batalha, as decisões dos políticos, e voltar-se para si próprio, cuidar de suas feridas, físicas e psicológicas. Era um homem devastado em ambos os sentidos. Antes, redigiu uma mensagem aos comandados:

> Eu vos deixo com dor, meus bravos, mas fui levado a essa separação por circunstâncias imperiosas. Retornando às suas casas, contem às suas famílias os trabalhos, os cansaços, os combates que sustentamos juntos pela santa causa da república. Digam-lhes principalmente que vocês tinham um chefe que vos amava como seus filhos e que tinha orgulho de vossa valentia. Até breve, em melhores circunstâncias.

Garibaldi chegou a Caprera no dia 16 de fevereiro de 1871, unindo-se a Francesca e à pequena Clelia, que tinha então 4 anos. Um mês depois, a luta foi retomada na França com vigor, e mais uma vez chegou um apelo para que Garibaldi voltasse ao combate, desta vez como general sob comando de todas as tropas. Mas ele recusou, dando como justificativa as suas más condições de saúde.

Em seus escritos dessa época de maturidade, Garibaldi defendia a ideia do desarmamento das potências, para que no futuro pudessem ser evitadas milhares de mortes estúpidas e o sofrimento que ele tantas vezes testemunhou nos campos de batalha e que imaginava nas famílias que perdiam seus entes queridos. Dedicava-se, também, a desenvolver um projeto de reforma agrária para a Sardenha. Propunha a fundação de colônias agrícolas, associadas a fábricas e escolas de agronomia, para o aproveitamento de 100 mil hectares de terras improdutivas.

Com a morte de Giuseppe Mazzini em 10 de março de 1872, depois de viver os últimos anos quase anônimo em Pisa, Garibaldi decidiu não participar dos funerais. Ele sentiu a necessidade de extravasar seu rancor e descrever as razões que o afastara dos ideais do seu antigo líder, que considerava extremista:

Espero ver cumprida a unificação italiana, mas se eu não tiver essa felicidade, recomendo aos meus concidadãos considerar os pretensos republicanos puros, com seu exclusivismo, como nada melhores que os moderados e os padres, e nefastos como eles para a Itália. Por mais sofrível que seja o governo italiano, acho preferível, se a ocasião de derrubá-lo rapidamente não se apresenta, seguir a grande ideia de Dante: "Fazer a Itália, mesmo com o diabo."

No caminho até a adoção da República, Garibaldi imaginava que seria necessário escolher "o mais honesto dos italianos" como ditador temporário, um líder capaz de preparar o país para a transição rumo a um tempo de liberdade. Parecia óbvio que imaginava a si próprio nesse papel.

Mesmo unificada após a conquista de Roma, a Itália mostrou ser ainda um esboço da nação com que Garibaldi sonhara a vida inteira. Permaneciam as dificuldades e boa parte da população enfrentava o maior flagelo de todos, a fome. Muitas famílias decidiam deixar a pátria para buscar uma vida melhor na América ou na África.

A Monarquia continuava dando espaço à corrupção e agravando a desigualdade entre ricos e pobres, e também entre o Norte e o Sul. Não havia trabalho para todo mundo – decorrência, em grande parte, da Revolução Industrial que substituía trabalhadores por máquinas. Os índices de analfabetismo entre os camponeses explorados permanecia alto, sem que nada de concreto estivesse sendo feito efetivamente para mudar esse quadro.

Garibaldi sabia que o mais importante havia sido feito – a unificação italiana –, mas havia ainda um longo caminho a percorrer. Ele cobrava ações do governo. Decidiu iniciar uma campanha pelo voto universal, já que, no sistema eleitoral censitário adotado até ali, não mais que 2% da população tinha direito a escolher seus representantes.

Em 1873, aos 65 anos, Garibaldi seria pai mais uma vez – de um menino, Manlio. Nunca se dedicara a um filho como àquele. Tornou-se, pela primeira vez, pai em tempo integral. Dormia com o bebê e até deixara de fumar para não importuná-lo.

Manlio ocupava o espaço de filho varão deixado por Menotti e Ricciotti, que estavam cuidando de suas vidas – não muito bem, é verdade. Menotti tornou-se empresário em Roma, primeiro no ramo imobiliário e depois na construção de ferrovias, mas seria malsucedido em ambos, deixando dívidas que o pai se via obrigado a honrar para não manchar a reputação de seu célebre sobrenome. Já Ricciotti nunca se encontrou de verdade em um trabalho, até que decidiu se mudar para a distante e inóspita Austrália, típica escolha de um aventureiro sem muito a perder.

Os últimos anos de Garibaldi foram de dificuldades financeiras. Caprera chegou a ser hipotecada por conta de dívidas que se acumulavam, boa parte delas causadas pelos filhos. As notícias sobre essas dificuldades chegavam aos jornais e, em novembro de 1874, uma lei foi aprovada pelo Senado para conceder a Garibaldi o direito a uma pensão anual de 50 mil liras, com pagamento imediato da primeira parcela, "para manifestar o reconhecimento da nação italiana à gloriosa contribuição dada pelo general Garibaldi à grande obra da unidade e da independência", dizia o texto da lei.

Apesar da necessidade que enfrentava, Garibaldi não aceitou a "esmola". Considerava-a parte de uma manobra para associar sua imagem à do governo. Sobre isso, escreveu ao filho Menotti:

> Aceitando, perderei o sono e sentirei em meu pulso o peso das algemas, as mãos quentes de sangue; e cada vez que ouvir a notícia de depredações governamentais e de miséria pública, minha face se cobrirá de vergonha. [...] Este governo, cuja missão é empobrecer o país para corrompê-lo, que vá procurar cúmplices em outro lugar.

Dois anos depois, no entanto, ele se viu obrigado a aceitar a oferta, pois seus filhos pequenos corriam o risco de passar fome e Francesca praticamente o obrigou a engolir o orgulho. Mas Garibaldi fez questão de dizer que só aceitou porque a esquerda chegara ao poder, tendo como chefe de governo um de seus mil homens das célebres conquistas sicilianas, Agostino Depretis.

Ainda assim, Garibaldi se sentia intimamente humilhado, como se a pensão fosse a prova de que ele havia se tornado um inválido. Àquela altura, de fato, ele precisava de ajuda constante para se locomover. Passava a maior parte do tempo sentado sob as árvores, quando o clima permitia, ou deitado em seu quarto.

Manlio crescia e se tornava o principal ouvinte das histórias do velho guerreiro, motivo de alegria e orgulho para Garibaldi. Fascinado desde criança com esses relatos, o filho mais novo seguiria carreira na Marinha – onde viria a morrer em combate, em 1900, com apenas 27 anos. Seu pai não estaria vivo para enfrentar mais essa tristeza, no entanto. Mas não escapou de enfrentar a perda de Ana Maria, a Anita, sua filha com Battistina Ravello, em 1875, aos 16 anos, de causa incerta, ali mesmo em Caprera – mais uma tragédia na incrível lista de provações que a vida insistia em apresentar a Garibaldi.

Alguns anos antes, por insistência de Esperance von Schwartz, que considerava Battistina uma mulher vulgar e despreparada, a pequena Anita havia sido internada em uma casa de formação de jovens de famílias ricas, na Suíça. Mas os gastos da menina eram exorbitantes naquele ambiente e Garibaldi decidiu tirá-la do internato. Com isso, a jovem se mudou para a casa de Esperance e tornou-se uma espécie de dama de companhia, fazendo muitas vezes o papel de empregada.

Anita escreveu pedindo ao pai para voltar a Caprera, descrevendo alguns maus-tratos que supostamente vinha sofrendo por parte de Esperance. Garibaldi mandou Menotti buscá-la, e o irmão a encontrou com aspecto doentio. Vivendo com a família em Caprera, parecia feliz. Menos de dois meses depois de retornar, contudo, sentiu um súbito mal-estar e morreu. Suspeitou-se de meningite ou até mesmo de insolação, pois ela havia passado o dia ao ar livre, sob o sol.

A jovem deve ter contado ao pai muitas coisas ruins sobre Esperance, pois Garibaldi jamais a perdoou. A antiga amiga se sentiu injustiçada diante da postura do amigo. "Na História, Garibaldi brilhará sempre como um sol resplandecente; mas mesmo o sol tem suas manchas", escreveu.

Comovido com a dedicação cada vez maior de Francesca, Garibaldi não queria morrer deixando-a como mera concubina. Afinal, com ela tinha tido três filhos e encontrado um pouco de conforto na velhice. O problema era que a anulação oficial de seu casamento com Giuseppina ainda não havia saído, passadas quase duas décadas de tramitação do processo na Igreja.

Garibaldi ameaçou reivindicar nacionalidade francesa – afinal, nascera em Nice – para se casar com Francesca no país vizinho. A polêmica se tornou pública e, em 1880, finalmente saiu a anulação. Garibaldi pôde, então, unir-se oficialmente a Francesca, numa cerimônia em Caprera. Com a presença dos filhos – exceto Ricciotti, que não teve como vir da Austrália –, todos cantaram e choraram ao final, como se pressentissem um último momento de alegria ao lado do patriarca. Garibaldi estava prestes a completar 73 anos e encontrava-se visivelmente debilitado. Dedicava o tempo a dar retoques nas suas *Memórias* e em mais um romance autobiográfico, *I Mille* ("Os Mil").

Sentindo a morte se aproximar a cada dia – a morte que tantas vezes conseguira iludir nos campos de batalha –, Garibaldi fazia questão de deixar claro que não queria padre algum por perto quando chegasse a hora. Pedia aos filhos que cremassem seu corpo, um procedimento raro à época:

> Afirmo, na plenitude da minha razão, nunca querer aceitar em nenhum momento o ministério odioso, desprezível e facínora de um padre que considero como o mais atroz inimigo do gênero humano e da Itália em particular. É somente em um estado de loucura ou de grave ignorância que um indivíduo pode pedir proteção de um descendente de Torquemada. [...] Meu cadáver será cremado com madeira de Caprera, no local que assinalei com um eixo de ferro. Uma parte das cinzas será recolhida em uma urna de granito, colocada no túmulo de minhas filhas, sob a acácia. Meus restos mortais serão envolvidos pela camisa vermelha. [...] Nem o prefeito ou qualquer outra autoridade será avisada antes que meu cadáver seja completamente cremado.

O guerreiro morreu no início da noite de 2 de junho de 1882, pouco mais de um mês antes de completar 75 anos. A notícia logo se espalhou e comoveu a Itália. A família se reuniu para decidir se a sua vontade de ser cremado deveria ser obedecida ou se era mais apropriado dar-lhe um grande funeral público em Roma. Depois de uma longa discussão, chegou-se a uma solução intermediária: o corpo seria embalsamado e enterrado ali mesmo em Caprera.

O funeral ocorreu no dia 8 de junho, quase uma semana depois da morte, com a presença de representantes do governo e antigos colaboradores de Garibaldi. Dois navios de guerra atracados nas proximidades da ilha de Caprera deram salvas de canhão enquanto o caixão era solenemente carregado até o local do sepultamento.

Ao final da cerimônia, uma forte tempestade obrigou os presentes a correr em busca de abrigo. Por conta do mau tempo, os convidados tiveram que passar a noite e quase o dia seguinte inteiro em Caprera. Não havia alojamento e comida para as mais de 500 pessoas que participaram das cerimônias. Simbolicamente, era como se o espírito indomável de Garibaldi tivesse aprontado a última afronta aos poderosos.

Sobre o local em que foi enterrado o caixão de Garibaldi colocou-se, no final daquele mês de junho, um bloco de granito com mais de três toneladas e uma estrela esculpida, referência ao símbolo dos Mil. Ao lado da estrela, nada de datas ou números: apenas a palavra "Garibaldi", suficiente para identificar e definir, para a eternidade, quem descansa ali.

★ ★ ★

O projeto de vida de Garibaldi só se consolidaria no dia 2 de junho de 1946, depois de finda a Segunda Guerra Mundial (1939-1945). Justamente no dia em que sua morte completava 64 anos, os italianos foram convocados para um plebiscito que escolheria entre a Monarquia e a República como forma de governo. Vitória da República, com 55% dos votos.

NOTAS

1 San Marino foi fundado, como Estado soberano e independente, no ano de 301. Foi quando Marinus deixou Rab, uma colônia romana, para se instalar no território. A República tem Constituição própria desde 1600 – é a mais antiga do mundo ainda em vigência. O sistema de governo é parlamentar. Os 60 membros escolhem os capitães-regentes, que se revezam a cada seis meses no comando do país.

2 Em 1931, Benito Mussolini determinaria a transferência dos restos da chamada Heroína dos Dois Mundos para o imponente mausoléu do Monte Gianícolo, um dos destaques do Parque Histórico dos Heróis do Ressurgimento Italiano, em Roma.

EPÍLOGO

Um aspecto que sempre vem à tona quando se fala em Garibaldi é o sucesso que ele fazia entre as mulheres. A escritora George Sand, célebre por seus textos cheios de carga erótica, o chamou de "homem de ferro, com alma de fogo" e traçou seu perfil com a paixão que sua figura aventureira lhe despertava:

> Dotado de uma dessas naturezas maviosas e privilegiadas, nas quais a alma reina sobre o corpo e lhe comunica seu poderio, tem doce a voz, modesta a continência, maneiras gentis, grande generosidade e uma extrema benevolência, unidas a uma firmeza inflexível, a uma singular equidade. Garibaldi é, em verdade, o homem que nasceu para o comando... [...] Como chefe,

De Milão a São José do Norte, de Nice a Taganrog: monumentos para lembrar a passagem de Garibaldi.

representa algo de sobrenatural e de religioso, que não sofre confronto na história das tropas regulares; é um dos mais estranhos episódios do tempo em que vivemos, no qual a guerra é dirigida por via de cálculos sábios e por meio de severa disciplina. Homens de tal feitio representam não tanto uma ideia particular, quanto um sentimento geral. Neles se encarna a alma de uma nação inteira: neste herói se consubstancia a Itália rediviva, com todo o seu doloroso passado, os seus dramas angustiados, a sua tácita paciência, o seu gênio de exuberante ação, mormente com aquele seu ódio ao jugo estrangeiro, que nele impõe silêncio às vãs soberbias, às discórdias funestas, quando bate a hora do ser ou não ser.

Apesar dos muitos romances que experimentou ao longo da vida, foi sem dúvida Anita que verdadeiramente conquistou seu coração, embora o relacionamento tenha durado apenas 10 anos e ele tenha vivido 33 anos além da morte da amada.

Nas *Memórias*, Garibaldi afirmou nunca ter superado o remorso por ter tirado Anita de "sua pacífica cidade natal para cenas de perigo, fadiga e sofrimento". E de provavelmente ter acabado com a vida do marido dela, Manuel dos Cachorros, sobre quem nunca mais se teve notícias. Garibaldi fez questão de deixar registrado para a posteridade o remorso que carregou ao longo da vida:

> Se houve culpa, foi inteiramente minha. E... houve culpa! Sim! Se uniam dois corações com amor intenso e se destruía a existência de um inocente! Ela está morta, eu, infeliz, e ele, vingado. Sim, vingado! Conheci o grande mal que fiz quando, esperando ainda fazê-lo voltar à vida, tomava o pulso de um cadáver e chorava o pranto da angústia. Errei grandemente e errei sozinho!

★ ★ ★

Curiosamente, como se fosse um reconhecimento do destino pela intensidade desse amor, o sobrenome Garibaldi continuou exclusivamente por conta de seus filhos com Anita. Dos filhos que teve com Francesca, Clelia nunca se casou – permaneceu a vida toda em Caprera, morrendo em 1952, aos 85 anos –, Manlio morreu aos 27 anos, sem ter tido filhos, e Rosa, aos 2 anos. Já Anita, sua filha com Battistina, morreu aos 16 anos. Em contrapartida, Menotti, Ricciotti e Teresita, seus filhos com Anita, colocaram no mundo, juntos, 35 crianças.

O nome Garibaldi continuaria associado a guerras nas gerações seguintes. Menotti, o primogênito, nascido no Brasil, foi iniciado pelo pai nas artes militares em 1859, aos 18 anos, ao acompanhá-lo no esquadrão dos Caçadores dos Alpes, participando de batalhas em diversas localidades. Como integrante da expedição dos Mil, já com a patente de major, Menotti foi ferido no combate de Calatafimi, mas nem por isso abandonou os campos de batalha. Seguiu ao lado do pai até 1871, quando chegou ao título de general de brigada.

Menotti casou-se com Francesca Bidischini, irmã de um dos seus companheiros nos Mil. O casal teria seis filhos. As quatro primeiras foram mulheres – Anita, Rosa, Gemma e Giuseppina. Só no quinto filho Menotti pôde realizar o sonho de ser pai de um menino, que batizou de Giuseppe, em homenagem ao pai. Mas o menino morreu aos 2 anos. Outro menino nasceria no ano seguinte, e foi também batizado de Giuseppe, e chamado desde cedo pelo carinhoso apelido Peppinello.

Quando deixou a carreira militar, Menotti – que sempre foi fisicamente muito parecido com o pai – tornou-se empreendedor. Assumiu o desafio de tornar produtiva e habitável uma área de 1.437 hectares tomada por malária e sem infraestrutura, empreitada que o levaria a adquirir dívidas consideráveis. Tirando proveito do sobrenome do pai, Menotti decidiu, então, se dedicar à carreira política, sendo eleito e várias vezes reeleito por Velletri para o Congresso Nacional. Morreu em 1903, aos 63 anos.

Já Ricciotti mudou-se para a distante Austrália, com o projeto de encontrar um meio de enriquecer ao lado da jovem esposa com quem acabara de se casar em Londres, Constance Hopcraft. Só voltou a Caprera sete anos depois, em 1881, um ano antes da morte do pai. Ricciotti decidiu voltar quando percebeu que não enriqueceria. Na Austrália, o casal teve os primeiros 5 dos 13 filhos.

Instalado em Roma, ele abriu uma empresa de construção civil, a Cantieri Garibaldi ("Canteiros Garibaldi"), que não foi bem e gerou sérias dívidas. Para fugir dos credores e cobradores, Ricciotti chegou a se refugiar numa pequena vila das montanhas, Riofreddo. Assim como fizera com Menotti, o pai o ajudou financeiramente, mesmo não estando em boa situação, com o objetivo de preservar o próprio nome.

Em 1897, aos 50 anos, Ricciotti voltou aos campos de batalha, relembrando as experiências da juventude ao lado do pai, para lutar por Creta contra a ocupação otomana da ilha. Montou um exército de camisas vermelhas e conquistou uma série de vitórias.

O espírito aventureiro de Ricciotti o lançou a um projeto de colonização da Patagônia, na Argentina, em 1900. Como se tivesse descoberto – ou melhor, redescoberto – tardiamente o que gostava de fazer na vida, voltaria aos campos de batalha em 1912, na Guerra dos Bálcãs, liderando um batalhão que obteve uma série de vitórias, algumas delas improváveis. Essas conquistas fizeram dele, aos olhos da opinião pública, um legítimo herdeiro das habilidades de liderança e da coragem do pai. Em 1914, quando estourou a Primeira Guerra Mundial, Ricciotti ofereceu seus serviços à República Francesa, ato que motivou a adesão de milhares de voluntários à causa.

Seu filho Giuseppe, o Peppino, nascido ainda na Austrália, não fugiria à tradição familiar – aliás, foi ainda mais fiel ao estilo do avô de quem levava o nome. Depois de lutar pela primeira vez ao lado do pai na Guerra Greco-Otomana de 1897, ele se ofereceu ao exército britânico quando eclodiu a Guerra dos Bôeres, em 1901. Em seguida, partiu para a Venezuela, onde combateu a ditadura Castro e foi preso, passando alguns meses na cadeia.

Em 1910, o neto de Garibaldi reapareceu como general da revolução mexicana contra o presidente Porfirio Díaz, tendo um importante papel na conquista de Juarez, último reduto sobre o comando do governo. Em 1914, seguiu o pai mais uma vez e alistou-se a favor da França no início da Primeira Guerra Mundial. Cinco de seus irmãos o seguiram e também se alistaram no exército francês – mais exatamente em um batalhão "garibaldino", que utilizava por baixo do uniforme as tradicionais camisas vermelhas. Um terço da tropa seria perdida logo na primeira semana de combates, incluindo dois dos netos de Garibaldi – Bruno, 25 anos, e Constante, 22 anos.

No início de fevereiro de 1915, a tropa garibaldina foi retirada do combate e desfeita. Sante, mais um dos filhos de Ricciotti, aliou-se à oposição na França e, por isso, experimentou os horrores de um campo de concentração. Ricciotti morreria em 1924, aos 77 anos.

Teresita e Canzio tiveram nada menos que 16 filhos, dos quais 4 morreram ainda crianças. Depois de deixar Caprera, o casal se radicou em Gênova, terra natal de Canzio, onde ele conseguiu um emprego na Sociedade Geral Italiana de Navegação, trampolim para o cargo posterior de supervisor das Salinas de Cagliari. Em 1870, o rapaz, a quem Garibaldi tratava como filho, lutou na França ao lado do sogro, como comandante de uma brigada garibaldina. Mais maduro, envolveu--se com política, elegendo-se deputado em 1890. No final dessa década, o casal se mudou para Caprera. Teresa morreu em 1903, aos 58 anos, e foi enterrada ao lado do pai. Depois da morte da mulher, Canzio voltou a Gênova, onde se tornou o primeiro presidente do Consórcio do Porto, uma importante instituição para a economia italiana. Morreu em 1909, aos 72 anos.

Na Itália, a memória do Herói dos Dois Mundos é mantida viva por diversas associações "garibaldinas", das quais a mais significativa é a Associação Nacional dos Garibaldinos, sediada em Roma. Para organizar tudo isso, há a Federação das Associações Garibaldinas. Armas, roupas e outros objetos utilizados por ele ou suas tropas tornaram-se bens cobiçados e valiosos, disputados avidamente por colecionadores capazes de gastar pequenas fortunas para adquirir uma peça de destaque. O acervo em posse desses colecionadores particulares é mais expressivo do que os existentes em museus.

CRONOLOGIA

1807 – Garibaldi nasce em Nice, no dia 4 de julho. A cidade pertencia à França.

1815 – Com a queda de Napoleão, Nice volta a pertencer ao reino da Sardenha e a ser chamada de Nizza.

1822 – Viagem do jovem Garibaldi a Odessa.

1825 – Primeira viagem a Roma.

1831 – A Jovem Itália é fundada por Giuseppe Mazzini.

1833 – Garibaldi se encontra com o saint-simonista Emile Barrault e adere à Jovem Itália, em cerimônia comandada por Mazzini.

1834 – Condenado à morte pelo rei da Sardenha, Carlos Alberto, depois de uma tentativa malsucedida de insurreição em Gênova.

1835 – Escapa para o Brasil, instalando-se inicialmente no Rio de Janeiro.

1836 – Passa a colaborar com os republicanos na província do Rio Grande do Sul.

1837 – Ferido com gravidade no Uruguai, é levado por seus homens à Argentina, onde permanece preso durante os meses de recuperação.

1839 – É um dos líderes da tomada de Laguna, no sul de Santa Catarina, proclamada capital da República Juliana. Lá conhece Anita Garibaldi, que se torna sua mulher e companheira nos combates.

1840 – Nasce Menotti, o primeiro filho de Garibaldi e Anita. O nome é uma homenagem a um mártir do movimento carbonário.

1841 – A família se muda para Montevidéu, no Uruguai. Morre Domenico, pai de Garibaldi.

1843 – Inicia-se o cerco de Montevidéu. Nasce Rosita, segunda filha de Giuseppe e Anita.

1845 – Em março, nasce Teresita, terceira filha de Giuseppe e Anita. Em dezembro, morre a pequena Rosa, aos 2 anos, vítima de escarlatina.

1847 – Nasce Ricciotti, quarto filho do casal.

1848 – Em março, Metternich é deposto na Áustria. Em abril, Garibaldi embarca de volta à Itália com um grupo de seguidores.

1849 – Morre Anita. Chega ao fim, sem sucesso, a Primeira Guerra pela Independência Italiana. Garibaldi inicia novo período de exílio, em que realiza uma série de viagens pelo mundo.

1852 – Morre Rosa, mãe de Garibaldi.

1854 – Retorna à Itália.

1855 – Com o recebimento de heranças deixadas pelos irmãos Angelo e Felice, compra metade da ilha de Caprera.

1859 – Nasce Ana Maria, a Anita, filha de Garibaldi com Battistina Raveo. Ele assume o comando dos Caçadores dos Alpes na luta contra os austríacos. Ao fim da Segunda Guerra pela Independência Italiana, a Lombardia passa a fazer parte do reino de Vittorio Emanuele. Acompanhado pelos filhos Ricciotti e Teresita, Garibaldi cumpre a promessa de buscar os restos mortais de Anita.

1860 – Casa-se com a jovem Giuseppina Raimondi, mas descobre ainda durante os festejos que ela o traíra e estava grávida de outro homem. A relação é rompida ali, mas o casamento só seria oficialmente cancelado 20 anos depois. Nizza volta ao poder da França, retomando o nome de Nice. Lidera a Expedição dos Mil, conquistando o reino das Duas Sicílias.

1862 – Batalha contra o exército real em Aspromonte, durante a qual é ferido no pé.

1866 – Envolve-se em uma série de batalhas durante a chamada Terceira Guerra pela Independência da Itália. Nasce Clelia, sua primeira filha com Francesca Armosino.

1867 – Garibaldi é preso após liderar tentativa de invasão de Roma.

1869 – Nasce Rosita, sua segunda filha com Francesca Armosino.

1870 – O exército italiano entra em Roma, concluindo o processo de unificação da Itália. Luta a favor da França na guerra contra a Prússia. Morre sua filha Rosita, antes de completar 2 anos.

1872 – Morre Giuseppe Mazzini.

1873 – Nasce Manlio, terceiro filho de Garibaldi com Francesca Armosino.

1875 – Ana Maria, a Anita, sua filha com Battistina Ravello, morre aos 16 anos.

1878 – Morre Vittorio Emanuele II, sucedido por Humberto I. A República é instalada na França.

1880 – Casamento com Francesca Armosino, após anulação oficial do casamento do Giuseppina Raimondi.

1882 – Morte de Garibaldi, a 2 de junho.

BIBLIOGRAFIA

ASSOCIAZONE NAZIONALE VETERANI E REDUCI GARIBALDINI. *Os Garibaldi após Garibaldi*. Edição do autor: São Paulo, 2003.

BOITEUX, Henrique. *Annita Garibaldi*. Rio de Janeiro: Imprensa Naval, 1935.

BRUYÈRE-OSTELLS, Walter. *História dos mercenários*. São Paulo: Contexto, 2011.

CANDIDO, Salvatore. *Giuseppe Garibaldi, corsário rio-grandense*. Porto Alegre: IEL/EDIPUCRS, 1992.

CAPUANO, Yvonne. *Garibaldi, o Leão da Liberdade*. São Paulo: Companhia Editora Nacional, 2007.

CASTRO, João Vicente Leite de. *Anita Garibaldi*: história da heroína brasileira. Rio de Janeiro: H. Garnier, 1911.

COLLOR, Lindolfo. *Garibaldi e a Guerra dos Farrapos*. Rio de Janeiro: José Olympio, 1938.

FREIRE, José Carlos da Silva. *Garibaldi*. São Paulo: Empreza Graphica da Revista dos Tribunaes, 1932.

FRISCHAUER, Paul. *Garibaldi, Herói de Dois Mundos*. Rio de Janeiro: Casa Editora Vecchi, s/d.

GAGLIANONE, Paulo César. *Uma viagem através do tempo*: Giuseppe Garibaldi, a jornada de um herói. Rio de Janeiro: Litteris, 1999.

GALLO, Max. *Garibaldi*: a força do destino. São Paulo: Scritta, 1996.

GARIBALDI, Annita. *Garibaldi na América*. Rio de Janeiro: Officinas Alba Graphicas, 1931.

GARIBALDI, Giuseppe; DUMAS, Alexandre. *Memórias de José Garibaldi*. Porto Alegre: LP&M, 2002.

GERSON, Brasil. *Garibaldi e Anita, guerrilheiros do liberalismo*. Rio de Janeiro: José Bushatsky, 1971.

HIBBERT, Christopher. *Garibaldi, Hero of Italian Unification*. Hampshire: Palgrave Macmillan, 2008.

MARKUN, Paulo. *Anita Garibaldi*: uma heroína brasileira. São Paulo: Senac, 1999.

MARTINS, Celso. *Aninha virou Anita*. Florianópolis: A Notícia, 1999.

OLIVEIRA, Maurício. *Amores proibidos na História do Brasil*. São Paulo: Contexto, 2012.

RAU, Wolfgang Ludwig. *Anita Garibaldi*: perfil de uma heroína brasileira. Florianópolis: Edeme, 1975.

_____. *Vida e morte de José e Anita Garibaldi*. Laguna: Edição do autor, 1989.

RIALL, Lucy. *Garibaldi*: Invention of a Hero. New Haven: Yale University Press, 2008.

SCIROCCO, Alfonso. *Garibaldi*: Citizen of the World. Princeton: Princeton University Press, 2007.

O AUTOR

Maurício Oliveira é jornalista formado pela Universidade Federal de Santa Catarina (UFSC), com mestrado em História pela mesma instituição. Trabalhou durante dez anos como repórter de jornais e revistas, incluindo *Gazeta Mercantil* e *Veja*. Em 2003, ano em que realizou o sonho de voltar a viver em Florianópolis, passou a atuar como *freelancer*.

Desde então, tem contribuído para diversas publicações, incluindo *Exame*, *Superinteressante*, *VIP*, *Valor Econômico*, *O Estado de S. Paulo* e *Horizonte Geográfico*. Também presta serviços para editoras de livros e agências de publicidade. Pela Contexto, publicou *Manual do frila: o jornalista fora da redação* e *Amores proibidos na História do Brasil*.